中国国情调研丛书

村庄卷

China's national conditions survey Series

Vol. Villages

中国国情调研丛书·村庄卷
China's National Conditions Survey Series · Vol.Villages
主 编 蔡 昉
张晓山

农村老年人口生活质量研究
——基于对江苏省姜堰市坡岭村的调查

Study on the Quality of Life about the Rural Elderly Population

崔红志 李越 朱林 著

中国社会科学出版社

图书在版编目(CIP)数据

农村老年人口生活质量研究：基于对江苏省姜堰市坡岭村的调查／崔红志，李越，朱林著．—北京：中国社会科学出版社，2016.3

(中国国情调研丛书·村庄卷)

ISBN 978-7-5161-6092-3

Ⅰ．①农… Ⅱ．①崔…②李…③朱… Ⅲ．①农村-老年人-生活质量-调查研究-姜堰市 Ⅳ．①D669.6

中国版本图书馆 CIP 数据核字(2015)第 094937 号

出 版 人 赵剑英
责任编辑 任 明
特约编辑 乔继堂
责任校对 王 影
责任印制 何 艳

出　　版 中国社会科学出版社
社　　址 北京鼓楼西大街甲 158 号
邮　　编 100720
网　　址 http：//www.csspw.cn
发 行 部 010-84083685
门 市 部 010-84029450
经　　销 新华书店及其他书店

印刷装订 北京市兴怀印刷厂
版　　次 2016 年 3 月第 1 版
印　　次 2016 年 3 月第 1 次印刷

开　　本 710×1000 1/16
印　　张 11.5
插　　页 2
字　　数 155 千字
定　　价 48.00 元

总　序

为了贯彻党中央的指示，充分发挥中国社会科学院思想库和智囊团作用，进一步推进理论创新，提高哲学社会科学研究水平，2006 年中国社会科学院开始实施“国情调研”项目。

改革开放以来，尤其是经历了近 30 年的改革开放进程，我国已经进入了一个新的历史时期，我国的国情发生了很大变化。从经济国情角度看，伴随着市场化改革的深入和工业化进程的推进，我国经济实现了连续近 30 年的高速增长。我国已经具有庞大的经济总量，整体经济实力显著增强，到 2006 年，我国国内生产总值达到了 209407 亿元，约合 2.67 亿美元，列世界第四位；我国经济结构也得到优化，产业结构不断升级，第一产业产值的比重从 1978 年的 27.9% 下降到 2006 年的 11.8%，第三产业产值的比重从 1978 年的 24.2% 上升到 2006 年的 39.5%；2006 年，我国实际利用外资为 630.21 亿美元，列世界第四位，进出口总额达 1.76 亿美元，列世界第三位；我国人民生活水平不断改善，城市化水平不断提升。2006 年，我国城镇居民家庭人均可支配收入从 1978 年的 343.4 元上升到 11759 元，恩格尔系数从 57.5% 下降到 35.8%，农村居民家庭人均纯收入从 133.6 元上升到 3587 元，恩格尔系数从 67.7% 下降到 43%，人口城市化率从 1978 年的 17.92% 上升到 2006 年的 43.9% 以上。经济的高速发展，必然引起国情的变化。我们的研究表明，我国的经济国情已经逐渐从一个农业经济大国转变为一个工业经济大国。但是，这只是从总体上对我国经济国情的分析判断，还缺少对我国经济国情变化分析的微观基础。这需要对我国基层单位进行详细的分析研究。实际上，深入基层进行调查研究，坚持理论与实际相结合，由此制定和执行正确的路线方针政策，是我们党领导革命、建设与改革的基本经验和基本工作方法。进行国情调研，也必须深入基层，只有深入基层，才能真正了解我国国情。

为此，中国社会科学院经济学部组织了针对我国企业、乡镇和村庄三类基层单位的国情调研活动。据国家统计局的最近一次普查，到2005年底，我国有国营农场0.19万家，国有以及规模以上非国有工业企业27.18万家，建筑业企业5.88万家；乡政府1.66万个，镇政府1.89万个，村民委员会64.01万个。这些基层单位是我国社会经济的细胞，是我国经济运行和社会进步的基础。要真正了解我国国情，必须对这些基层单位的构成要素、体制结构、运行机制以及生存发展状况进行深入的调查研究。

在国情调研的具体组织方面，中国社会科学院经济学部组织的调研由我牵头，第一期安排了三个大的长期的调研项目，分别是“中国企业调研”、“中国乡镇调研”和“中国村庄调研”。“中国乡镇调研”由刘树成同志和吴太昌同志具体负责，“中国村庄调研”由张晓山同志和蔡昉同志具体负责，“中国企业调研”由我和黄群慧同志具体负责。第一期项目时间为三年（2006—2008年），每个项目至少选择30个调研对象。经过一年多的调查研究，这些调研活动已经取得了初步成果，分别形成了《中国国情调研丛书·企业卷》、《中国国情调研丛书·乡镇卷》和《中国国情调研丛书·村庄卷》。今后这三个国情调研项目的调研成果，还会陆续收录到这三卷书中。我们期望，通过《中国国情调研丛书·企业卷》、《中国国情调研丛书·乡镇卷》和《中国国情调研丛书·村庄卷》这三卷书，能够在一定程度上反映和描述在21世纪初期工业化、市场化、国际化和信息化的背景下，我国企业、乡镇和村庄的发展变化。

国情调研是一个需要不断进行的过程，以后我们还会在第一期国情调研项目基础上将这三个国情调研项目滚动开展下去，全面持续地反映我国基层单位的发展变化，为国家的科学决策服务，为提高科研水平服务，为社会科学理论创新服务。《中国国情调研丛书·企业卷》、《中国国情调研丛书·乡镇卷》和《中国国情调研丛书·村庄卷》这三卷书也会在此基础上不断丰富和完善。

陈佳贵

2007 年 9 月

编 者 的 话

2006年中国社会科学院开始启动和实施“国情调研”项目。中国社会科学院经济学部组织的调研第一期安排了三个大的长期调研项目，分别是“中国企业调研”，“中国乡镇调研”和“中国村庄调研”。第一期项目时间为三年（2006—2008年），每个项目至少选择30个调研对象。

经济学部国情调研的村庄调研工作由农村发展研究所和人口与劳动经济研究所牵头，负责组织协调和从事一些基础性工作。农发所张晓山同志和人口与劳动经济研究所的蔡昉同志总体负责，工作小组设在农发所科研处，项目资金由农发所财务统一管理。第一期项目（2006—2008年）共选择30个村庄作为调研对象。2010年，在第一期国情调研村庄项目的基础上，中国社会科学院经济学部又组织开展了第二期国情调研村庄项目。第二期项目时间仍为三年（2010—2012年），仍选择30个村庄作为调研对象。

农发所、人口与劳动经济研究所以及中国社会科学院其他所的科研人员过去做了很多村庄调查，但是像这次这样在一个统一的框架下，大规模、多点、多时期的调查还是很少见的。此次村庄调查的目的是以我国东中西部不同类型、社会经济发展各异的村庄为调查对象，对每个所调查的村庄撰写一部独立的书稿。通过问卷调查、深度访谈、查阅村情历史资料等田野式调查方法，详尽反映村庄的农业生产、农村经济运行和农民生活的基本状况及其变化趋势、农村生产要素的配置效率及其变化、乡村治理的现状与变化趋势、农村剩余劳动力转移的现状与趋势、农村社会发展状况等问题。调研成果一方面旨在为更加深入地进行中国农村研究积累村情案例资料和数据库，另一方面旨在真实准确地反映30多年来中国农村经济变迁的深刻变化及存在的问题，为国家制定科学的农村发展战略决策提供更有效的服务。

为了圆满地完成调查，达到系统翔实地掌握农村基层经济社会数据的预定目标，工作小组做了大量的工作，包括项目选择、时间安排、问卷设计和调整、经费管理等各个方面。调查内容包括“规定动作”和“自选动作”两部分，前者指各个课题组必须进行的基础性调查，这是今后进行比较研究和共享数据资源的基础；后者指各个课题组从自身研究兴趣偏好出发，在基础性调查之外进行的村庄专题研究。

使用统一的问卷，完成对一定数量农户的问卷调查和对调查村的问卷是基础性调查的主要内容，也是确保村庄调查在统一框架下开展、实现系统收集农村基本经济社会信息的主要途径。作为前期准备工作中最重要的组成部分之一，问卷设计的质量直接影响到后期分析和项目整体目标的实现。为此，2006年8月初，农发所组织所里各方面专家设计出调查问卷的初稿，包括村调查问卷、调查村农户问卷等。其中，村问卷是针对调查村情况的详细调查，涉及村基本特征、土地情况、经济活动情况、社区基础设施与社会服务供给情况等十三大类近500个指标；农户问卷是对抽样农户详细情况的调查，涉及农户人口与就业信息、农户财产拥有与生活质量状况、教育、医疗及社会保障状况等九大类，也有近500个指标。按照计划，抽样方法是村总户数在500户以上的抽取45户，500户以下的抽取30户。抽样方法是首先将全村农户按经济收入水平分为好、中、差三等分，然后在三组间平均分配抽取农户的数量，各组内随机抽取。问卷设计过程中，既考虑到与第二次农业普查数据对比的需要，又汲取了所内科研人员和其他兄弟所科研人员多年来的村庄调查经验，并紧密结合当前新农村建设中显露出来的热点问题和重点问题。问卷初稿设计出来之后，农发所和人口与劳动经济研究所的科研人员共同讨论修改，此后又就其中的每个细节与各课题组进行了集体或单独的讨论，历时半年，经过四五次较大修改之后，才定稿印刷，作为第一期村庄调研项目统一的农户基础问卷。

在第二期村庄调研项目启动之前，根据第一期调研中反映出来的问题，工作小组对村和农户问卷进行了修订，以便更好地适应实际调研工作的需要。今后，还将随着农村社会经济形势的发展，本着“大稳定、小调整”的原则，对问卷内容继续进行修订和完善。

在项目资金方面，由于实行统一的财务管理，农发所财务工作的负担相对提高，同时也增加了管理的难度，工作小组也就此做了许多协调工作，保障了各分课题的顺利开展。

到 2010 年 7 月为止，第一期 30 个村庄调研已经结项 23 个；每个村庄调研形成一本独立的书稿，现已经完成 11 部书稿，正在付梓印刷的有 5 部。第一期村庄调查形成的数据库已经收入 22 个村 1042 户的基础数据。

国情调研村庄调查形成的数据库是各子课题组成员共同努力的成果。对数据库的使用，我们有以下规定：(1) 数据库知识产权归集体所有。各子课题组及其成员，服务于子课题研究需要，可共享使用数据资料，并须在相关成果关于数据来源的说明中，统一注明“中国社会科学院国情调研村庄调查项目数据库”。(2) 为保护被调查人的权益，对数据库所有资料的使用应仅限于学术研究，不得用于商业及其他用途；也不得以任何形式传播、泄露受访者的信息和隐私。(3) 为保护课题组成员的集体知识产权和劳动成果，未经国情调研村庄调查项目总负责人的同意和授权，任何人不得私自将数据库向课题组以外人员传播和应用。

国情调研是中国社会科学院开展的一项重大战略任务。其中村庄调研是国情调研的重要组成部分。在开展调研四年之后，我们回顾这项工作，感到对所选定村的入户调查如只进行一年，其重要性还显现得不够充分。如果在村调研经费中能拨出一部分专项经费用于跟踪调查，由参与调研的人员在调研过程中在当地物色相对稳定、素质较高、较认真负责的兼职调查员，在对这些人进行培训之后，请这些人在此后的年份按照村问卷和农户问卷对调查村和原有的被调查的农户开展跟踪调查，完成问卷的填写。坚持数年之后，这个数据库将更具价值。

在进行村调研的过程中，也可以考虑物色一些有代表性的村庄，与之建立长远的合作关系，使它们成为中国社会科学院的村级调研基地。

衷心希望读者对村庄调研工作提出宝贵意见。也希望参与过村庄调研的同志能与大家分享他们的经验，提出改进工作的建议。让我们共同努力，把这项工作做得更好。

编者　2010 年 7 月 28 日

简　介

本书是中国社会科学院国情调研项目“中国村庄调研”的成果。

本书以江苏省姜堰市的坡岭村作为样本村，采取问卷调查、座谈、深度访谈、观察等多种调查方法，对村干部、60 岁以上的老年农民、60 岁以下的青壮年农民三类群体进行了调查，设计了对 60 岁以上老年人口及 60 岁以下人口的格式化问卷。在问卷调查的基础上，与调查对象进行深度访谈。本项调查共获取 60 岁以上老年人口调查的有效问卷 39 份；60 岁以下青壮年劳动力调查的有效问卷 32 份。

本书采用规范研究和实证分析相结合的方法，利用问卷调查的数据和访谈信息，试图准确、全面地描述了老年农民的生活现状及存在的问题，并从收入与消费、健康状况、社会保障、社会联系、社会参与等多个维度，分析和测算了老年农民生活质量的主要影响因素及影响程度，进而提出了增进老年农民生活质量的主要途径和政策措施。

本书的主要结论是：老年人口自评的主观生活质量水平较高，但客观指标的水平较低，老年人口在心理上能够适应（习惯、认可）现有的客观生活条件。仅仅以过往的收入和消费为参照系，以及对近年来国家惠农政策的认同和对未来的美好预期，是形成老年农民主观生活质量与客观生活质量差异的重要原因。

上述结论的政策含义是，一方面，不应因为老年农民较高的主观生活质量而放松或忽视改善老年农民的客观生活质量。另一方面，如果想继续保持以及提高老年农民的主观生活质量，应继续完善惠农政策，尤其是瞄准农村老年人口的惠农政策。

目　录

第一章

总　　论

本章包含六部分。第一部分阐述调查的内容、目的和意义；第二部分介绍调查村及所属地区的概况；第三部分介绍生活质量评价方法的进展以及本书所采用的评价方法；第四部分介绍本项调查所采用的调查方法和过程；第五部分是关于坡岭村社会经济发展状况的调查发现；第六部分是老年人口生活质量的调查发现。

一　调查内容、目的与意义

（一）调查内容

本书是中国社会科学院国情调研项目“中国村庄调研”的成果。“中国村庄调研”要求每个村庄的调研的内容既要包括“规定动作”，也要包括“自选动作”。“中国村庄调研”课题组设计了规定动作的农户调查问卷和村庄调查问卷，调查内容涵盖村庄农业生产、农村经济运行、农民生活、农村治理的基本状况及其变化趋势等方面的内容。自选动作指根据课题组的兴趣所进行的专题调查。我们把“坡岭村老年农民生活质量”作为调查专题。这两方面内容之间具有不可分割的紧密联系。村庄社会经济发展状况是老年农民生活质量的基础性影响因素；老年农民生活质量是村庄社会经济发展状况的体现。

（二）调查目的

“中国村庄调研”的目的一方面是为更加深入地进行中国农村研究积累村情案例和数据库，另一方面旨在真实准确地反映30多年来中国农村经济变迁的深刻变化及存在的问题，为国家制定科学的农村发展战略决策提供服务。

以老年农民生活质量为专题的调查目的是准确、全面地了解老年生活的现状及存在的问题；分析和测算老年农民生活质量的主要影响因素及影响程度；进而探索提升老年农民生活质量的主要途径和政策措施。

（三）调查意义

本项调查的现实意义在于试图了解老年农民生活质量的基本状况，从而为政府部门出台相关的政策提供基础性信息。我国近年来出台了很多促进农民生活质量的政策，其中有些政策直接瞄准老年农民。但是，总的来说，关于老年农民生活质量状况的信息是有限的，其原因主要是：第一，在现有的国家统计数据体系中，缺乏全面、准确反映包括老年农民在内的农民生活质量的指标。例如，反映农民生活质量的一些重要指标，如生活满意度、幸福感、社会交往、政治参与、公共安全等方面信息，都没有包括在现有的统计调查范围之内。第二，以个人、家庭或者社区为统计单位的指标，不能准确反映农村老年人的实际情况。目前一些可以反映一般农民生活质量的指标，如农民人均纯收入水平、就业状况、耕地数量、社会保障覆盖率、低保标准、农民参加新型农村合作医疗的比率、村庄公共文化、体育设施数量等，并不完全适用于老年农民。例如，由于存在利用便利性和利用程度的问题，即使社区建立了很多健身、娱乐设施，但老年农民可能并不能利用这些设施。第三，对老年农民生活质量的研究较为薄弱。生活质量包含客观生活质量和主观生活质量。农民是社会中的弱势群体，经济方面的生存压力让其在很大程度上忽视了主观生活质量方面的需求，这是主观生活质量评价领域在农民群体中存在盲区的原因之一（周长城，2011）。随着经济发展和农民生活水平的提高，有必要将生活质量研究的重点从一般性社会群体逐渐转移到社会生活中的边缘群体、弱势群体或特殊群体。

二　调查村及所隶属地区概况

中国社科院国情调研项目“中国村庄调研”要求以我国不同类型、不同经济和社会发展水平的村庄为调查对象。本书的调研行政村为坡岭村。该村位于江苏省苏中地区，在行政上隶属于姜堰市梁徐镇。

江苏省是我国社会经济发展水平较高的发达地区。姜堰市的社会经济发展状况位居江苏省的中等发展水平。姜堰市辖 15 个镇、1 个省级经济开发区、1 个国家 4A 级风景名胜区，设 38 个居民委员会、262 个村民委员会。全市户籍总人口 79. 45 万人，城市化率 52. 7%。2011 年，姜堰市城镇居民人均可支配收入达 23746 元，农民人均纯收入为 10802 元，年末城乡居民人民币储蓄存款余额达到 218. 77 亿元。2011 年，姜堰市地区生产总值 264 亿元，三次产业结构比为 7. 9 ∶ 52. 8 ∶ 39. 3。全市财政总收入 66. 73 亿元，其中地方一般预算收入 22. 19 亿元。

梁徐镇的社会经济发展状况在姜堰市处于中等偏下的水平。坡岭村的社会经济发展状况在梁徐镇处于中等偏下的水平。坡岭村由坡前村和坡岭村两个自然村组成，下设 15 个村民小组。到 2012 年底，坡岭共有常住居民 702 户、2244 人。在总人口中，15—60 岁的劳动年龄人口为1092人，其中男性566人、女性526人。2012年，全村外出务工经商总人口996人，其中在梁徐镇之外的596人、在镇域范围之内的402人。2011年，全村享受农村低保的户数为61户，享受低保的人数为86人。

三 农村老年人口生活质量评价的方法

（一）生活质量研究的缘起

1920年，英国福利经济学家庇古（Pigou A. C.）在《福利经济学》中首次明确使用了生活质量的概念以描述福利的非经济方面。1958年，美国著名经济学家加尔布雷斯（J. K. Albrairh）在《丰裕社会》一书中提出生活质量的概念，真正开启了生活质量领域的研究。他认为，生活质量的本质是一种主观体验，主要包括个人对其人生际遇的满意程度以及在社会中实现自我价值的体验等。此后，生活质量评价研究逐渐引起各国社会学、经济学、心理学、医学、哲学等学科专家和学者的广泛关注（周长城，2011）。

人们对生活质量关注和研究的起点是人们不满足仅仅以物质水平高低来衡量生活状况。1964年，时任美国总统约翰逊曾说，社会进步“不能通过我们银行存款余额的多少来衡量，而只能以人民的生活质量来评价”，“评价一个美好社会并不是看它有多少财富，而在于其品质——不是商品的数量，而是人们的生活质量”。阿玛蒂亚·森指出，我们普遍运用的人均收入之类的经济成就指标，充其量是生活质量粗糙的测量标准。

（二）生活质量所涵盖维度

理论界对生活质量所应涵盖的维度进行了较多的研究，但至今尚未形成一致性结论。早在20世纪70年代就有学者对生活质量和福利测量中频频出现的维度进行过研究。如Flanagan

(1978) 归纳出五个常见维度，分别是：物质富裕及健康；与其他人的关系；社会、团体及公民活动；个人发展与实践；闲暇活动。随着时代的发展，以住房、教育、社会保障、公共安全、生态环境等为代表的关乎社会平等、和谐发展和个人潜质提高的维度被更多的学者纳入福利研究的框架之中（周长城，2009）。联合国发展署（UNDP）自 1990 年起就推出了人类发展指数（HDI），从长寿而且健康的生活、教育及体面的生活以及尊严三个维度评估个体福利、社会安排以及政策设计。2008 年由约瑟夫·E. 斯蒂格利茨、阿玛蒂亚·森、让－保罗·菲图西等著名经济学家组成的“经济表现与社会进步衡量委员会”强调幸福是多维度的，幸福的客观和主观方面都重要；与评价生活质量相关的信息不仅包括人们的自述和感觉，还包括对他们的“活动”和自由权的衡量。在这样的指导思想下，“经济表现与社会进步衡量委员会”提出了福利测量指标体系。该体系主要包括八个维度：①物质生活水平（收入、消费和财富）；②健康；③教育；④包括工作在内的个人活动；⑤政治发言权和治理；⑥社会联系和关系；⑦环境（当前和未来状况）；⑧经济和人身安全。

除此之外，关于生活质量测量、多维度贫困测量等方面的研究进展对生活质量维度的构建具有一定的借鉴意义。世界卫生组织（WHO）从人类健康的角度出发，建立了一套衡量个体生活质量和福利状况的指标体系，涵盖了生理健康、心理状态、独立性水平、社会关系、环境条件（不仅包括自然环境，也包括社会安全保障、住房环境、经济来源、休闲娱乐活动参与机会等）以及精神支柱与宗教信仰六大维度。该体系特别强调了生活质量的主观性，包括了生活的积极方面和消极方面，是一个多维度概念。牛津大学贫困与人类发展研究中心（OPHI）长期致力于那些因缺乏高质量国际可比数据而未被多维度贫困度量所涵盖的方面，如就业、主体性和赋权、人类安全、体面出门的能力、心理和主观幸福感。

（三）生活质量评价的方法

在个人层面生活质量的评价上，学术界主要存在三种方法。一是主观指标评价法，从反映人们生活舒适、便利程度的主观感受方面来理解和评价生活质量。二是客观指标评价法，从影响人们物质和精神的客观条件来理解和评价生活质量。三是主客观综合生活质量评价法，从主观指标与客观指标相结合的角度来理解和评价生活质量。

马克·拉普勒（Mark Raply）指出，主观指标源于一种纯粹的西方理念——人类经历的终极目标是“幸福”，因此对社会之善（social good）的最终测量必须是在该国内社会成员已经达到的程度。但主观评价法一直受到较多的质疑。埃里克森指出，“人们对满意度水平进行自我评价的研究方法会在一定程度上受到期望水平的影响”。一个基于人们自己的满意度评估的方法带来的问题是，它部分地由他们的志向水平决定的，也就是说，是由他们认为的他们正当的应得之物所决定的。这意味着，衡量人们在多大程度上适应于他们目前的状况的，就是在很大程度上等同于去衡量他们是在多大程度上适应于他们目前的状况。这样一来，同过惯了高水平生活，但最近生活水平略有下降的人比起来，长期处于卑贱状况下的人可能对自己的生活更满足，并且根据这一定义，他的生活水平更高。因此，在评价个体的生活水平时，我们应尽量避免受个体对自身境况的评估所带来的影响。

由于主观指标存在的这些局限，较多的学者强调使用客观指标来评价生活质量。但是，对于客观指标所包含的维度，学者们的认识有差异。埃里克森认为，“福利（或者生活水平）应该根据资源和状况来定义并最好通过描述性指数的运用去衡量”。就资源的内容，埃里克森和乌西塔塔指出，“资源可以从金钱、财产、知识、超自然和物质的能量、社会关系、安全等各个方面来定义”。阿玛蒂亚·森也强调应该采用客观指标，但他采取的是“能力方法”。森指出，“一个人所过的生活可以被看成是所做的各种事情和各种存在状态的一种组合，它们可被统称为功能性活动”。“生活是各种行为（doings）与状态（bings）的组合，并且生活质量是依据有价值的功能性获得的能力来评估的。”“一个人的能力指各种不同的可选择的功能性活动的组合，并且通过选择可以得到其中任何一种（组合）。”但能力概念存在“模糊性”的问题，选择范围增加与福祉增进之间的关系可能要依个体情况而定①。

在实践层面，美国主要采用主观指标评价生活质量，“美国模式在对总体幸福评估时，鼓励研究者和政府机构对个人幸福评估方面发挥重要作用”。以瑞典为代表的斯堪的纳维亚模式研究者在测量生活质量时排除个人幸福。

目前，主客观综合生活质量评价法越来越受到重视。“在测量指标的选择方面，主观生活质量评价指标的重要性逐渐体现出来，客观生活质量指标和主观生活质量指标相结合的趋势日益凸显”，“生活质量的研究正在从客观生活质量评价指标为主转化为主客观生活质量评价指标相结合的指标选择模式”（周长城，2011）。尽管主观指标常常会因测量效度低、结论缺乏普适性而被人诟病，但如果辩证地加以利用可以帮助人们更好的衡量客观指标，比如，主观指标可以提供哪些客观指标更值得关注的线索，可以为弱势群体提供表达意愿的渠道（王威、陈云，2002）。在实践层面，绝大多数收集国家幸福数据的政府机构都把客观和主观指标算入社会统计体系。

---

① 埃里克森和乌西塔塔及阿玛蒂亚·森关于生活质量的论述，引自［澳］马克·拉普勒（Mark. Raply）《生活质量研究导论》，周长城等译，2012 年 9 月第 1 版。

四 生活质量维度的选取、调查方法与过程

（一）本项调查所选取的生活质量维度和评价方法

根据理论界通常采用的方法，并结合老年人口的特征，本项调查选取收入与消费状况、居住条件、生活条件、享受社会保障的状况、身体和心理健康状况、社会支持网络等6个方面作为老年农民生活质量的评价维度。

在评价方法上，本书采用目前流行的主客观综合生活质量评价法。主观指标是指个体主观体验、感知、自评的生活质量。主观指标包括生活满意度和幸福感这两个总体性指标，以及对收入水平、就业状况、住房条件、婚姻状况、健康状况、社会地位、文化程度、村自然环境、村干部、村治安状况、村文化健身设施共13个方面的满意程度。客观指标是指可客观量化的生活质量，其不以个体的主观意愿而转移。

（二）调查方法

调查对象包括三种类型：一是60岁以上的老年农民；二是60岁以下的青壮年农民；三是村干部。

本项调查采取了问卷调查、座谈、深度访谈、观察等多种调查方法。设计了对60岁以上老年人口及60岁以下人口的格式化问卷。在问卷调查的基础上，与调查对象进行深度访谈。在问卷调查中，为确保调查结果的准确性，调查全部采用调查员与调查对象“一对一”单独访谈的方式；每个调查人员每天的调查量控制在3户左右；每天调查结束后，对当天的问卷进行核查。本项调查共获取60岁以上老年人口调查的有效问卷39份；60岁以下青壮年劳动力调查的有效问卷32份。对60岁以上老年人口的问卷内容主要分为被调查者个人和家庭基本情况、对幸福和生活满意度的主观感

知、收入、财产及消费状况、健康状况、代际关系、社会参与、享受社会保障状况、公共安全等 9 个部分。在 39 名被调查的老年人中，有 33 人对其家庭在全村的经济地位进行了评价，其中为自评属于低收入的 11 户，中等收入的 20 户，高收入的 2 户。39 名老年人所在家庭的户均家庭人口规模为 3.28 人，户均常住人口规模为 2.44 人。在 39 名老年人中，22 人有一定的积蓄，17 人没有积蓄。有积蓄的老年人平均积蓄为 42428 元。在没有积蓄的 17 人中，有 3 人欠债，欠债额分别为 2 万元、7 万元和 10 万元。

与村干部、居家养老服务站的负责人、志愿者进行了座谈和深度访谈。为了更加真实地了解老年农民的生活以及坡岭村居家养老服务站的工作情况，本项调查采取观察法。在调查期间，调查人员在农民家里吃饭、住宿，既提高了工作效率，也在一定程度上有助于提高观察的效果。

在农户问卷的设计上，我们结合国内外的研究构建老年农民生活质量所包含的维度及相应的指标体系，然后根据指标体系中所涉及的方面制作问卷，并进行抽样调查。

共有 4 人参与了这项调查。调查时间为 2012 年 11 月 7—11 日。

五　关于社会经济发展状况的调查发现

（一）农业生产

坡岭村农业生产条件较好。全村有 47 个机电井，9 个排灌站，水渠长度 12500 米。种植结构以水稻为主，辅助以种植小麦、油菜、大豆、玉米、山芋、花生等农作物。坡岭村没有发生规模化的土地流转。相应地，坡岭村的农业生产的经营方式是家庭经营，经营规模则以小块土地为主。

老年人是坡岭村农业生产的主体。青壮年劳动力主要选择外出或者在本地务工经商。农民对各种农业补贴政策给予了很高的评价，但流通领域中生产资料价格的上涨影响了补贴政策的实施效果，农业生产的效益仍然较低。

（二）村级财务和公共事业

坡岭村尽管地处我国经济发达地区，但其村级财务收入主要来自政府的专项转移支付，主要用于村组干部工资和办公经费支出。公共事业发展的资金来源主要依靠农村公益事业一事一议资金和上级政府的专项财政资金以及老板捐资和群众集资。

（三）村庄治理

与全国多数村庄相似，坡岭村党员老龄化，文化程度低。农村民主政治有较大进展，选举程序逐步科学化；农民的民主意识逐渐增强，在选举中的参与度较高。但是，与民主选举相比，民主决策、民主管理、民主监督这后三个民主的发育相对滞后。村民对所在村的民主治理绩效的主观评价也偏低，对现有村委干部的认同度普遍不高。调查发现，后三个民主滞后的重要原因是缺乏相应的制度和政策环境。现有的农村土地管理方式、党的领导方式、财政管理体制等，都是重要的影响因子。

（四）农村社会事业

与全国多数村庄的情况相似，坡岭村的小学和初中相继被撤并，以回应生源减少以及由此所导致的学校资源配置效率低下。但是，这种做法也造成了学生上学不方便和家庭教育负担加重。

农村社会保障制度逐步完善。农村五保供养、农村居民最低生活保障、农村计划生育家庭、孤儿及重残疾人员救助等社会救助事业的改革和发展有了明显进展，救助标准不断提高，救助程序不断完善。在初始开展新型农村合作医疗的几年中，受农民对新农合制度不了解、新农合的报销水平低等因素的影响，农民参加新农合的积极性不高。但在最近几年中，坡岭的参合率基本上达到了 100%。2009 年 9 月，国务院出台新农保指导意见。姜堰市是全国首批新农保试点县（市）。2012 年新农保和城镇居民养老保险基础养老金最低标准由不低于每人每月 60 元提高到不低于每人每月 70 元。姜堰市新农保的基础养老金从过去的每人每月 60 元提高到了每人每月 70 元。

六　关于老年人口生活质量的调查发现

本项调查测量了老年人口生活质量的主观评价和客观生活条件，并分析了二者之间的联系。主要的结论是：老年人口自评的主观生活质量水平较高，但客观指标的水平较低，老年人口在心理上能够适应（习惯、认可）现有的客观生活条件[①]。社会比较倾向弱、仅仅以过往的收入和消费为参照系，以及对近年来国家惠农政策的认同和对未来的美好预期，是形成老年农民主观生活质量与客观生活质量差异的重要原因。

（一）老年人口的主观生活质量水平较高

我们用生活满意度和幸福感作为测量生活质量的两个主观指标。按照 10 分制，1 分代表最低，10 分代表最高的测量方法，由被调查者对其自身的生活满意度和幸福感进行打分。结果表明，老年人口自评的生活质量较高。他们的生活满意度平均分为 7.97 分；幸福感的平均分为 8.46 分。老年人口对生活质量的主观评价显著高于青壮年人口。在生活满意度的评价上，前者比后者高 0.67 分；

① 诺尔（Noll，2000）分析了生活质量中主观指标和客观指标之间的 4 种关系，即良好的生活条件和较高的主观评价、糟糕的生活条件和较差的主观评价、良好的生活条件和较差的主观评价、糟糕的生活条件和较高的主观评价。他把这 4 种组合的生活质量分别称为“幸福”“剥夺”“不协调”和“适应”。引自［澳］马克·拉普勒（Mark Rapley），2012 年版，第 39 页。

在幸福感的评价上，前者比后者高 1 分还多。

在对自身的文化程度、收入、就业、住房、婚姻、社会地位、健康、村庄自然环境和村干部共 9 个指标的评价上，老年人口对自身婚姻状况、就业状况和健康状况三项的满意度评分上略低于年轻人的自我评分，其余各项指标的满意度均高于年轻人。即使从客观条件上看，老年人口在某些方面的实际状况并不如年轻人，但他们的满意度依然较后者高。比如，尽管从客观上说老年人的收入水平、住房条件从整体上看均比年轻人差，但老年人的满意度仍比年轻人高了 0. 97 分、0. 74 分。

（二）老年人口的客观生活质量水平较低

老年人口生活质量的主观指标与主观指标之间存在较为明显的偏离现象，客观生活质量的状况较差。

在养老的经济来源上，老年人口自我养老所占的比例最大，经济来源依靠个人劳动约占 53. 9%。老年人的劳动参与率达到了 74. 4%，由于自身生理机能的限制，仍参加劳动的老年人中有 75. 9% 从事农业劳动，从劳动时间和收入状况来看，劳动强度较大、收入偏低，被调查的老年人在 2012 年平均劳动时间为 141 天，平均劳动收入为 5119 元。尽管家庭保障仍然在发挥作用，但其仅仅是作为个人保障的补充。农村社会保障制度的覆盖面窄、保障水平较低。同是生活在坡岭村的老年人，11 位退休职工平均每人每月可领取退休金 1235. 4 元，而 28 位一般意义上的老年农民每月人均领取新农保养老金仅合 70 元（843. 4 元/年），前者是后者的 17. 6 倍。

在居住方式上，在 70 岁以前，老年人口中独居比例随着年龄的增大而减少，然而当老年人年龄超过 70 岁，进入高龄阶段以后，老人独居的比例又呈上升趋势。这说明，农村养老遭遇道德危机，当老年人生活还能自理，还可以通过帮助子女照料孩子、做家务、种地等代际交换获得子女在生活上的照料。一旦老年人年老力衰，需要子女在身边赡养照料时，大多数子女并未尽到应尽义务。

在居住条件上，老年人口的房屋多为旧房。《中华人民共和国老年人权益保障法》指出，赡养人应当妥善安排老年人的住房，不得强迫老年人迁居条件低劣的房屋。但这种现象在坡岭村极为普遍，一些家庭困难的独居老人，其居住房屋甚至不能遮风避雨。

从生活条件上看，仍有15.8%的老人因经济困难而没能用上入户自来水，其饮水安全难有保障，甚至有5.4%的受访老人存在饮水困难。从炊事燃料来看，由于成本较低，坡岭村60%的老人仍以柴草为主要炊事能源，而烧煤气、天然气及电的老人仅占40%。随着农村卫生条件的改善，老人们家中的厕所已经逐步由室外的旱厕转变为室内的水冲式厕所，但也仍有27.8%的老人使用院外的旱厕。

在文化娱乐和健身方面，村里适合老年人的文化娱乐设施寥寥无几。老年人生活方式非常单调，“聊天”“散步”“看电视”成了日常娱乐的三大主题。

在身体状况及医疗卫生服务的利用方面，患有慢性疾病的老年人口约占48.72%。老年人口有病而未去医院就诊的比例高达84.21%。在这些人中，多数通过在药店买药自行治疗，但也有相当比例没有采取任何治疗措施。选择在家吃药的原因主要是慢性病报销比例低、一些药品在药店购买往往比医院更便宜。选择放弃治疗的原因主要是觉得缺乏有效的治疗措施。

（三）老年人口较高的主观生活质量与他们的评价方式有直接关系

调查发现，老年人口在评价幸福感和生活满意度的方式有3个特征，从而导致他们较高的主观生活质量。

1. 很少进行横向比较

在评价个人的幸福感和生活满意度时，老年人口通常只是与自身过去的状况比，而较少与城里人、村里的年轻人相比，甚至也不与街坊邻居相比。长期以来的城乡二元社会结构已经在这代人心中形成了不可逾越的城乡间的鸿沟，城里人并未被作为老年人生活参照的对象。因此，当与城里人比较时，近六成老人（59.0%）明显地感到自己与城里人比生活水平差距较大，但很多老人们没有产生相对剥夺感，这种差距也未影响到其主观幸福的感受。老年人口的消费水平和消费质量明显低于中青年人口，但他们也没有因为这个原因而觉得自身的生活质量不如中青年人口。

2. 受过去的经历以及未来预期的影响较大

对于现在的农村老年人来说，曾经食不果腹、衣不蔽体的生活似乎在他们的记忆中留下了难以磨灭的印记。而现在生活状况的改善，更确切地说，甚至仅仅是温饱问题的解决就能给他们带来极大的心理满足感。在老年人口自我比较的过程中，他们感到自己的生活质量在近几年内有了较大改善，也预期在未来这种改善还将继续，生活在美好预期中的老年人因此感到无比幸福。调查显示，56.4%的受访老人感到现在的生活与3—5年前比“好多了”，25.6%的老人感到生活比3—5年前“好一些”，15.4%的老人感到生活没变化，仅有1人（2.6%）感到生活不如3—5年前。近70%的老人认为3—5年后生活将比现在更好，5.1%的老人认为生活将没有太大变化，仅有1人对未来预期较悲观，也有23.1%的老人认为未来有较大的不确定性。对于过往是否有很遗憾的事情，受访的39人中有16人觉得人生中没有遗憾。

3. 仅仅关注物质生活方面的内容

在与自身过去的比较中，老年人口大多仅仅考虑生活状况的改善。在39名被调查的老年人口中，有26人对生活满意度的评分在8分及8分以上。这26位老年人口中，有21人（80.1%）对生活高度满意感的原因是“不愁吃穿”。

与关注物质生活相对应，老年人口几乎完全没有考虑诸如社区参与、文化、娱乐、在家庭中的地位等方面的状况。甚至自身的健康状况似乎也并未被看作影响老年人口生活质量的因子。身体状况为健康、一般、不健康的老人的平均幸福指数分别为 8.53、8.58 和 8.13，基本持平，这一结果反映了身体状况好坏对主观幸福感的影响很小。造成这一现象的原因可能是由于农村老年人对于幸福的认知还停留在不愁吃穿的阶段，幸福感来自与过去生活的对比，身体保健需求收入弹性小，这反映了农村老年人生活状况还处于极低水平。

第二章

社会经济发展的基本状况及评价

本章根据村庄调查问卷、对村干部和农民的座谈、深度访谈以及有关的二手资料，对坡岭村的社会经济发展基本情况进行描述性分析和扼要评价。主要内容包括六方面：行政村基本情况、土地流转与农业生产情况、农村义务教育、基层组织与治理、村级财务及公共事业发展、农村社会保障事业。

一 基本情况

坡岭村在行政上隶属于姜堰市梁徐镇。该村由坡前村和坡岭村两个自然村组成，下设15个村民小组。到2012年底，包括坡前村和坡岭村的坡岭行政村共有常住居民702户、2244人。在总人口中，15—60岁的劳动年龄人口为1092人，其中男性566人，女性526人。2012年，全村外出务工经商总人口998人，其中在梁徐镇之外的596人、在镇域范围之内的402人。

坡岭村呈现空心化的趋向。该村的林先生曾长期担任村支书和村会计。他介绍说：全村在姜堰市及其他地方买房的户数大约占全村总户数的1/3，在外买房的家庭主要是三种类型。一是因为子女在城里工作，所以就在城里买房子以方便子女工作。二是方便子女找对象。坡岭村形成了一种风俗，是否在城里买房子、是否参加社保等因素，逐渐成为年轻人找对象的条件。三是为了方便孩子上学，因为孩子在姜堰市就读，所以一些家庭就在姜堰市买房，陪孩子读书。

2010 年全村共有 56 户、76 人享受低保，其中比 2009 年新增 14 人，户均补差 106 元。2011 年，全村享受农村低保的户数为 61 户，享受低保的人数为 86 人，户均补差 140 元。分别比上年增加了 5 户、10 人。农村低保对象有进有出。在 2011 年享受低保的 86 人中，有 25 人属于新增低保对象。全村共有 24 户五保户，其中集中供养 5 户，分散供养 19 户。

坡岭村的村域面积大约 2206 亩。全村的居民点占地 170 亩；耕地面积 2206 亩，其中灌溉水田 1476 亩，旱地 280 亩，菜地 180 亩。菜地属于农民的自留地，其他耕地全部由农户承包经营。全村有 270 亩林地、14 亩畜禽集中饲养用地、80 亩养殖水面。全村人均住房面积（除生产用房）大约 40 平方米，平均每户的宅基地面积约 0.28 亩。全村有 2 处 1 年以上空置的宅院。全村有房屋出租户 4 户，但租金很低。

进出坡岭村的主道路为水泥路，路宽 3 米。全村所有的农户都使用经过净化处理的自来水，但需要付费，每吨水的价格为 2.7 元。全村 95% 的家庭使用电力照明，每度电的价格为 0.54 元。全村 90% 的家庭安装了有线电视。坡岭村农民的房屋较新。很多农户的房屋都是两层小楼。大多数农户都使用水冲式厕所，家里也安装了太阳能或浴霸等洗浴设施。

坡岭村没有小学、初中，也没有幼儿园。最近的小学及最近的初中距离该村约 3 千米，均在梁徐镇政府所在地。最近的高中距离该村 8 千米，位于姜堰市。村里有 1 个卫生室，4 名村医均有行医资格证书。最近的医院——梁徐镇卫生院距离该村 3 千米。坡岭村有1个图书室、2个体育健身场所、1个老年活动中心。但是，现有的文体设施数量远远满足不了农民的需求。而且，这些文体设施大都位于村部附近，距离村部较远的农户难以利用这些设施。

2012年，坡岭村有9家从事制造加工的私营个体企业，年产值约3.1亿元。在这些企业就业的职工人数共计200多人，其中60%来自本村，40%来自外地。全村生产总值33716万元，上缴工商税收总额大约688万元。按照三次产业划分，全村第一产业生产总值大约1125万元，第二产业生产总值大约31587万元，第三产业生产总值大约1004万元。

坡岭村民风淳朴。林先生介绍说，村里邻里之间的关系相对较好。比如，左邻右舍之间，哪一家做了饺子，就会送给邻居一些。又如，哪一家遇到儿子结婚、买房、买车，生病等大事，街坊邻居都会帮助。全村盗窃的现象几乎没有。林先生说：过去“人无做贼，狗饿偷糠”；现在大家都富裕了，就没有必要再去偷盗了。

二　土地流转及农业生产情况

（一）土地承包

1983年，坡岭村实行第一轮土地承包。当时，坡前村和坡岭村均采取了两田制，即把集体土地分为自留地和承包地两部分。自留地的分配标准为每人7厘，独生子追加1份。其余土地按人承包，各生产队人均面积不等，一般大约是人均0.7亩。

第一轮土地承包的期限一直延续到1997年。在此期间，各生产队（村民小组）可以根据内部家庭人口增减的情况，自主决定进行土地调整。为了调整方便，各生产队都有一块尾数田，约占承包地总面积的10%，各户承包地的尾数都在这块地里补足。各户人口增减进行小调整的时候，就在尾数田里调整。如果有的农户增人，暂时没有增地，就由村里给予每亩200元补偿。反之，人口减少而土地没有减少的，每亩要交 200 元钱。当尾数田不能满足调整需要，矛盾突出的时候，就要进行大调整。实际上，由于这些年全村人口减多增少，所以各生产队只做过一两次大调整。

1997 年坡岭村实行第二轮承包，按当时人口数量重新分地，把原来的零碎地块调整为大块。取消了独生子女田，自留地纳入承包面积，以组为范围按人承包，30 年不变，增人不增地、减人不减地。如果因公用地，由村委会出面与承包户协商租用或调整。租金一般按亩产扣除成本的纯收入计算。坡岭村周边的村子，有的已经把土地使用权证发放到户。这种做法显而易见的问题是，会导致土地调整更不容易，因此坡岭村至今没有向农户发放土地使用权证。增人不增地，减人不减地这一政策导致一部分农村新增人口丧失土地承包权，成为无地人口。据估算，全村新增无地人口已占现有总人口的 20%。

在土地承包方面，妇女的权益目前仍难以得到有效保障。坡岭村在进行二轮土地承包时规定，没有户口的妇女不分地。二轮承包以后嫁来的妇女也没有地。出嫁的妇女，承包地一般都留在娘家。老人如果和孩子分家，出嫁的女儿没有份。

（二）土地流转

自从实现家庭承包经营后，坡岭村就一直存在土地流转。土地流转的形式主要是农户之间的私下流转。一些家庭因为主要劳动力外出打工等因素，往往把承包地转租给其弟兄、亲戚或者乡邻。土地流转的租金由双方商定。由于农业生产的比较效益低，租金普遍较低。根据 2005 年我们对坡岭村 250 户农户的调查，被调查农户土地流转的平均租金为 400 元/亩，其中最高租金为 500 元/亩，最低租金为 50 元/亩。到 2012 年，这种情况仍然没有改变，土地流转的租金仍然维持在 400 元/亩左右。有的农户不仅无偿把土地流转给其他农户，而且国家根据种粮面积发放的粮食直补、种子补贴也归土地的流入方。

截至调查时点，坡岭村仅有一例较大规模的土地流转。2001年村民郑乃明租地办果园，在坡岭前庄租用土地50亩，每亩租金500元；在坡岭后庄租用土地150亩，每亩租金450元；在相邻的张甸镇租地400多亩，每亩租金410元。果园用地由村委会出面与村民协调转让，并分别与果园、村民签署土地租用转让协议。按照国家关于土地承包30年不变的政策，村委会与果园、农户签署的租地协议时限为25年。租金由果园每年6月与村委会结算，村委会再统一向原承包户支付。在规划果园区内，有些地块的原承包户不愿意出让土地，就由村委会动员其他愿意出让土地的村民进行承包地对调。例如果园原计划要租用后庄五组的100亩地。由于这100亩地是五组的尾数田，家家户户都有份，其中有五六户反对，协调不成，只好放弃，改租七组的地。七组有2户老人仍不愿放弃土地，村委会就协调部分村干部与其对调承包地。这样，果园的土地转包租用，在前庄涉及26户，约163口人，在后庄涉及48户，约200口人。

对于这项土地流转，当事三方有着不同的评价。村干部认为，村委会出面协调土地流转，没有收取一分钱管理费，完全是尽义务。村委会之所以积极支持，主要是因为这件事对土地流转双方都有好处。对于办果园一方来说，通过租用土地，可以实行大规模开发经营，投资获利，好处自不用说。对于出让土地另一方来说，不种地而可以得到不低于原纯收入的租金补偿，还可以腾出劳动力去干其他事情，显然也是一件对他们有利无害的事情。从全村来说，通过这样的土地流转，实现了农业生产结构的调整，提高了土地利用的经济效益，一举两得。但是，根据我们的农户调查，一些出让土地的农户认为，出让土地的租金是按种植粮食的收入计算的，估计偏低。而且，有的村民反映，租金收入并不能全数到达农户手里。主要原因是租金经过村委会之手，村委会虽然名义上不收取任何管理费，但要从中先行扣除其他各种摊派费用，因此村民实际到手的租金已经打了折扣。这是一些村民最初不愿出让土地的主要原因。2005 年，国家实行粮食直补政策以后，在一些土地出让户的要求下，村委会与果园协商，将每亩租金提高了 50 元。

另外一个土地大规模流转的案例是政府绿化项目占地而引起的。据介绍，2007 年，梁徐镇政府要求各村绿化面积应占耕地面积的 20%—24%。政府按照每亩 400 元的标准，给那些在耕地上栽树的农户进行补贴，连续补贴 5 年。坡岭村采取分片种植的办法，在二组、三组、四组、七组、八组、十组和十二组的耕地上，共计种植了大约 270 亩杨树。

（三）农业生产情况

坡岭村的农田水利设施较好。农业灌溉的主要水源是地表水，在正常年景下水源能够保证灌溉用水。全村有 47 个机电井，9 个排灌站，水渠长度 12500 米。

在农业种植结构方面，坡岭村以种植水稻为主，也种植小麦、油菜、大豆、玉米、山芋、花生等。由于缺乏规模化的土地流转，农业生产的经营方式呈现小规模化特征。坡岭村的青壮年劳动力主要选择外出或者在本地务工经商，老年人成为农业生产的主体。农业生产机械化水平的提高，也在客观上为老年人从事农业生产提供了可能。

2004 年之后，国家对农民实行一系列的补贴政策。除种粮直接补贴、良种补贴、农机具购置补贴外，农民还能享受农资综合直补。与此同时，稻谷、小麦最低收购价逐步提高。多数接受调查的农户都高度赞扬农业补贴政策。有的农民说：国家不仅不收税，还给补贴，这是以前做梦也想象不到的。但是，流通领域中生产资料价格的上涨影响了补贴政策的实施效果，农业生产的效益仍然较低。表 1 列出了 2012 年坡岭村各种作物的种植面积及投入产出情况。从表1中可以看出，各种农作物的收益都不高，投入产出比较低。例如，每亩小麦的产量大约400公斤，按照当年每公斤2元的市场价计算，每亩的毛收入为800元。而种子、化肥、农药、机耕、机收等各种物质成本及服务成本高达360元。在不考虑10天劳动投入的情况下，每亩小麦的净收益只有440元。水稻生产的收益相对好一些，但每亩的净收益也只有840元。如果再把劳动投入考虑进去，每亩土地的收益就更低了。据介绍，当地雇工的日工资约为150元。

表1　　主要农作物种植情况

主要种植作物	当年种植面积（亩）	亩均劳动投入（人日/亩）	亩均其他投入（元/亩）	亩产（公斤/亩）	当年市场均价（元/公斤）	耕作周期（月）
小麦	1655	10	360	400	2.0	7
油菜	683	6	310	150	4.4	7
水稻	1476	13	840	600	2.8	5
大豆	336	6	360	150	5.4	4
玉米	58	8	500	500	2.4	3
山芋	65	6	300	500	2.0	4
花生	124	8	300	150	6.0	4

三　义务教育

（一）中小学设置

坡岭村的第一个小学创办于民国元年。当时有个清朝御前侍卫林桂荣告老还乡，集资办学，叫做坡庄埝庄小学。1949年，坡岭村重新办起公立小学，以本地的一个烈士林良周的名字命名，叫良周小学。

1957年经县里批准，坡岭村开始创办民办中学，叫泰县坡岭民办初级中学，实行民办公助，校舍、场地由高级社提供，教师由县里配备，工资由县财政拨付。学生上学要缴学费，困难生可以享受减免、补助，其中补助生占到就学人数的60%。学生补助主要通过勤工俭学来解决。当时学校有50亩地，学校通过老师带队，学生勤工俭学，开办豆腐坊，养猪、种菜，解决学生的补助问题。

2002年7月，姜堰市调整中小学布局，将坡岭中学合并到梁徐中学，原位于公路边上的良周小学就迁到了中学校园内。2005年，良周小学共有大约300名在校小学生，11名教师。该校的基本情况见专栏一。2006年，姜堰市教育局进一步调整农村中小学的教育布局，撤销了良周小学，该村的适龄学童需要到梁徐镇政府所在地的镇中心小学就读。

专栏一　撤并前村小学的基本情况

2005年，良周小学共有小学教师11人，设6个年级，每个年级1个班，每个班有学生20—30人，共有小学学生300多人。另有一个幼儿班，幼儿教师2人，幼儿园入园儿童70—80人。本村学龄儿童，除一个智障辍学外，全都在校。

学校财务过去是独立核算，教学经费由上边统一拨付，学校各项收费按一定比例上缴和自留。2002年以后，学校财务改由镇中心学校统一管理，本校不设会计，只设财务代办员1人。教师的工资由镇中心学校发，教学经费一律要到镇中心学校审批报销。学校各项收费也一律上缴镇中心学校。过去，每逢教师节，村里给每个教师发100—200元奖励，有时也发被面等实物。自从财务统一收归镇中心学校以后，村里就再也不管了。学校设有教师食堂，但没有学生食堂。学生可以自愿订副餐，最高1.30元/餐，最低1元/餐，副餐内容包括牛奶、鸡蛋、馒头，由镇中心学校统一联系送餐。过去学校有统一的校服，学生自愿自费购买，这几年取消了。贫困学生享受学费减免，要凭民政局颁发的贫困户救助卡，由中心学校审查批准。

学校收费实行一费制，学生每学期缴纳杂费、课本费、作业本费和信息技术费，一、二年级四项合计为150元，三年级至六年级203元。此外，教育局和新华书店每年联合下发辅导教材目录，虽然实行自愿原则，可以不买，但实际上考试包括其中内容，不买不行。5年级的辅导教材，每套100多元。

教师工资由几部分组成，一部分是国补工资，另一部分是省补工资，每月还有现金阳光工资。以55岁的高级教师陶某为例，他每月的国补工资为900元，省补工资为700元，但在开学期间，每月要扣200元，用于年终奖金。按照规定，每月现金阳光工资为260元，实际只发130元，其余要在学期结束时，扣除各项捐款以后再补发。而各种捐款名目繁多，例如梁徐中心学校搞建设，要求每个教师捐款300元。姜堰市搞农村公路集资，要求每人每年出资400元，连续4年，从教师奖金中扣除。另外还有政府基金，每人每年扣除380元。所以，教师实际拿到的工资大打折扣（崔红志，2005年的调查）。

（二）农民对学校撤并的认识

坡岭村小学和初中的撤并是政府对该村适龄学生人数逐年减少的回应。第一，与全国其他地方类似，改革开放后坡岭村实行了比较严厉的计划生育政策，适龄妇女的生育率大大降低了。第二，受子女教育、婚育等方面高额负担等多种因素的影响，农民多子多福的传统生育观念也发生了变化，不再愿意多生孩子。第三，在城镇化快速推进的背景下，有一部分家庭迁移到了城市，相应也减少了农村适龄学生的规模。第四，由于城乡之间教育资源的不均衡配置，一些家庭把孩子送到教育条件更好的城镇就学，从而进一步减少了农村适龄学生的规模。

但是，学校撤并导致了学生上学不方便和家庭教育负担加重。

专栏二“农民对撤并学校的认识”，比较清楚地反映了农民对撤并学校这一事件的矛盾心理。他们认同合并学校对提高教育质量的好处，但也担忧由此额外增加的教育负担。根据2005年的调查资料统计，在坡岭村读小学的学生每年的教育开支在1000—2000元，基本费用为学费和书本费。而本村在梁徐镇读初中和高中的学生每年的教育开支在7000—8000元，其中学费和书本费开支在1000—2000元，占总开支的14.3%—25.0%。而住宿费、交通费和伙食费总开支为2500—5500元，占全部教育总开支的35.7%—68.8%。可见，中学学生在校的学费和书本费与小学的费用差距并不大，而构成家庭教育负担的主要部分在于中学生的住宿费、交通费和伙食费。

许多家长反映，孩子在本村上小学时他们的负担并不重，但是很害怕孩子上中学。按照村民所提供的家庭收入信息，孩子上中学的费用占家庭总收入的1/3—1/2。此外，在调查中还发现，许多家长（主要是孩子的母亲）为了子女上学方便，甚至单独在学校周围租房子住，全职照顾子女的生活起居，造成了家庭大量的人力和财力的消耗。有的家长说，如果能在学校与村庄之间以免费或低费用的办法开通学生校车，将会大大降低农村社区的人力和财力负担。

专栏二　农民对学校撤并的认识

姜堰市梁徐镇坡岭村3组村民陈某，今年60岁，陈某夫妻与儿子、媳妇、孙女住在一起，共承包了5亩地，年人均纯收入在5000元左右。

在调查中陈某反映原坡岭村中学因为生源渐少，所以被并入了梁徐镇中学，而坡岭村小学很快也要被并到梁徐镇了。与大部分村民的认识相同，陈某也认为学校合并对村民来说既有好处，又有弊端。好处在于学校的师资力量强了，教学质量提高了。然而弊端主要在于学生上学不方便了，因为梁徐镇中学离坡岭村有大约4千米的路程，对于孩子来说每天自己回家既不方便也不安全。陈某的孙女正在本村的小学读书，很快就要升初中了，这使他们一家不得不考虑孩子以后上学时的吃饭问题以及如何去学校的问题：是在学校吃饭还是由家人送饭；孩子上学是由家人接送还是坐中巴车（费用比较高，他认为一般家庭是坐不起的），或者干脆住校。这些问题让陈某一家很头疼。

在坡岭村的调查中发现，这种学校合并后孩子上学不方便的问题被突出地反映了出来。当学校被合并后，原来的生源不足的问题解决了，但把学生吃饭和去学校的难题留给了村民，至今没有任何比较好的解决方案，而这些问题直接增加了家庭的负担（杜旻，2005年的调查）。

（三）农村学校管理体制存在的问题

我国政府投资兴办公立的农村学校，并为这些学校的运转提供公共财政资金，从而满足农村学生对义务教育的需求。但是，从我们对坡岭村小学的调查看，学校与教育的管理者之间的关系扭曲。政府与教育主管部门作为公共权力的行使者利用权力谋取部门乃至个人利益。这种权力寻租，会直接提高农民家庭的教育负担，降低学校老师的教学积极性。“专栏三”在一定程度上揭示了上述现象。

专栏三　从一个基层教师的抱怨看政府、
教育管理部门与学校的关系

陶某在坡岭村小学任教，1950年出生，1989年由民办教师转为公办，目前是高级教师。2005年，陶老师的工资为每月1916元。其中包括三部分：①国补工资，每月938元；②省补工资，每月718元；③奖金，每月260元，其中预先扣除130元，如果完成各种任务，年终补发。他列举了教师的各种负担。主要包括：① L 镇修建中学，每个教师必须捐资 300 元；②农村公路集资每人每年 400 元，连续缴纳 4 年，共 1600 元。陶老师说，这是 J 市规定，从老师年终的奖金中扣除；③政府基金 380 元。陶老师说，这种制度已经实行好多年了，从报纸上了解到每人每年应该缴纳 308 元，但实际在执行中缴费标准为 380 元。三项共计 1080 元。

陶老师向我们介绍：现在教育系统热衷开发各种教育、教学资料。说的都是冠冕堂皇的理由，但不少都是为自己的私利。比方说，以前乡镇让学校都订《泰州晚报》，订报的资金都从每个老师的奖金中扣除了。但我们从报纸上看到，谁订报纸，有回扣，乡镇政府让我们订报纸，他们得回扣。后来，因为老师们的意见特别强烈，把情况反映到了上面，现在这种强制性的做法取消了。

陶老师说：不仅教师的负担重，学生的负担也仍然很重；一费制是好，但到了基层就走样了。他举例说：现在不允许强制向学生摊派各种书籍、资料等教辅导资料。但是规定的书目只是一个幌子，所发给学生的书远远超出了这个范围。在规定的书目之外，仍然有各种各样的变相摊派。其原因是：虽然现在的征订不再由教育主管部门向学校摊派，但是新华书店会向学校推荐书目。这些书目都是考试的内容，新华书店与教育主管部门沟通了，学校不得不购买这些书。平均每个学生要承担多少“变相摊派”？陶老师说：学校内各个年级书目的范围不一样，所以，每个年级的情况不一样。但一个年级内各个学生之间是一样的。例如 5 年级，在规定书目之外的各种书籍每学期有的年份 100 多元，少则有 40—50 元（崔红志，2005 年的调查）。

四　基层组织及治理

（一）党员数量及结构

2012 年，坡岭村共有党员 89 人。从性别构成上看，男性党员数量远多于女性党员，男性党员 69 人，占 77.5%；女性党员 20 人，占 22.5%。从文化程度看，党员的文化程度偏低，小学文化程度的 39 人，占 43.8%；初中文化程度的 29 人，占 32.6%；高中文化程度的 12 人，占 13.5%；大专及以上文化程度的 9 人，占 10.1%。从年龄结构上看，党员的年龄普遍偏高，50 岁以上的党员 76 人，占 85.4%，50 岁以下的党员只有 14 人，占 14.6%。

（二）村民代表数量及特征

坡岭村共有 45 名村代表，他们的基本情况见表 2。根据表 2，可以看出村民代表具有如下特征。

第一，年龄较大。村民代表的平均年龄为 63.9 岁。其中 60—69 岁的占 51%；70—79 岁的占 18%；80 岁以上的占 4%。也就是说，60 岁以上的老年人口占村代表总人数的 73%。50—59 岁的占 18%；40—49 岁的占 18%；30—39 岁的只有 2%。

第二，文化程度偏低。高中及以上文化程度的只有 7 人，占 15.6%；小学文化程度的 22 人，占 48.9%；初中文化程度的 16 人，占 35.6%。

第三，家庭经济状况较好。31 人的家庭经济状况在村里属于上等水平，占 68.9%；9 人的家庭经济状况在村里属于中等，占 20.0%；5 人属于低保及五保家庭，占 11.1%。

第四，男性占比大。男性 33 人，占 73.3%。女性 12 人，占 26.7%。

第五，多人曾在公职部门或村里任职。在 45 名村代表中，有

13 人属于退职干部或退休教师或者曾在政府部门任职；有 3 人曾经担任过生产队队长。

第六，各村民小组的村民代表数相等。坡岭村共有 15 个村民小组，每个村民小组的人数均为 3 人。

表 2　　坡岭村村民代表的基本情况

姓名	性别	年龄（岁）	是否党员	文化水平	家庭经济状况	曾任职	所在村民小组
陈来英	女	49	是	初中	上等	退职干部	1
陈文官	男	62	否	小学	中等	无	1
钱龙珍	女	61	否	小学	上等	无	1
郑根法	男	51	是	高中	中等	无	2
郑根怀	男	57	否	初中	上等	无	2
郑荣堂	男	65	否	小学	上等	无	2
陈根林	男	75	是	小学	上等	退职干部	3
林存喜	男	66	否	小学	上等	无	3
林培基	男	69	否	初中	上等	无	3
林良高	男	66	否	初中	上等	生产队长	4
林来喜	男	76	是	小学	上等	生产队长	4
俞彩萍	女	46	否	初中	上等	无	4
林士显	男	73	是	中师	上等	退职干部	5
林光中	男	68	否	小学	上等	退职干部	5
陈月秋	女	66	否	初中	上等	无	5
林来基	男	64	否	初中	上等	无	6
林良松	男	75	否	小学	低保户	无	6
陆桂英	女	48	否	小学	上等	无	6
林汉民	男	59	否	初中	上等	无	7
林良生	男	68	是	小学	中等	无	7
林秀珍	女	59	否	初中	上等	无	7
郑根林	男	65	是	小学	中等	退职干部	8

续表

姓名	性别	年龄（岁）	是否党员	文化水平	家庭经济状况	曾任职	所在村民小组
郑红英	女	61	否	高中	上等	无	8
郑华明	男	32	否	初中	中等	无	8
郑应柏	男	69	是	高中	上等	退休教师	9
戴友红	男	57	否	初中	上等	无	9
郑夕康	男	59	否	初中	上等	无	9
葛世兰	女	53	否	小学	上等	无	10
戴友录	男	61	否	小学	中等	无	10
戴友根	男	68	否	初中	上等	无	10
郑井龙	男	61	否	初中	上等	生产队长	11
郑应广	男	60	否	高中	上等	政府部门工作过	11
郑万元	男	78	否	小学	低保	无	11
郑纯吉	男	67	否	高中	低保	退职干部	12
戚桂美	女	84	是	小学	五保	退职干部	12
郑贻宽	男	71	否	小学	上等	无	12
林奠基	男	68	否	小学	中等	退职干部	13
丁昌林	男	67	否	小学	中等	无	13
林根基	男	69	是	初中	上等	退职干部	13
汤桂英	女	80	是	小学	上等	退职干部	14
丁千凤	男	66	否	小学	低保	无	14
郑根凤	女	53	否	初中	上等	无	14
郑龙珍	女	61	否	小学	上等	无	15
丁千友	男	72	否	小学	中等	无	15
林祥基	男	72	是	中学	上等	退职干部	15

（三）村党支部选举办法和程序

1. 选举的办法

目前坡岭村的两委干部是2010年选举出来的。根据梁徐镇

"关于做好村党组织换届选举工作的实施意见"，为了进一步优化班子结构，增强整体功能，应"确保换届后的村党组织班子中'能人型'村干部比例达75%以上，村'两委'班子成员交叉任职比例达80%左右，其中村党组织书记、村委会主任'一肩挑'的比例不低于30%"。

村党组织领导班子换届全面实行"公推直选"。所谓"公推直选"，即通过公开报名、民主推荐、组织考察、镇党委决定的办法产生村党组织委员、书记和副书记候选人预备人选，由村党员大会直接选举产生村党组织委员、书记和副书记。

2. 选举的时间和程序

村党组织换届选举工作从8月20日开始，9月20日前结束。选举工作的程序包括以下几方面。

（1）制订方案和动员部署阶段

梁徐镇镇党委成立村党组织换届选举工作领导小组及驻村指导组，制订镇换届工作意见和实施方案，召开专题会议对公推直选工作进行部署，明确一名领导成员负责公推直选工作并进行全过程跟踪，实行领导班子成员分工联系行政村责任制。

（2）公开报名和资格审查

采取个人自荐、党员群众联名推荐和党组织推荐等方式进行报名，书记、副书记、委员三个职位可以兼报。报名地点设在各村村部。镇党委对报名人员进行资格审查，资格审查要结合"村民直评村官"的评议结果，原则上不满意票在30%以上的不得通过资格审查，同时征求被推荐人意见，对审查合格、本人同意的报名人员名单进行公布，同时对不符合条件或本人不同意的，做出说明。

（3）民主推荐

组织各村召开民主推荐会，会议由镇党委派驻的勤廉督导员主持，参会对象包括村全体党员、本村镇以上党代表、人大代表、政协委员、非中共党员的村组干部和村民代表、离退休老干部代表等，其中非党员群众代表占党员总数的10%。会上，对资格审查合格的报名人员名单、简历进行介绍。参加会议的全体党员和其他代表，以无记名投票的方式，从资格审查合格人员中进行全额定向推荐，当场计票并公布结果。镇党委根据定向推荐中党员群众推荐票数的多少以及班子结构要求，差额确定村党组织班子成员候选人初步人选，其中村党组织书记、副书记候选人初步人选一般比应选名额多2名，委员按不少于应选名额30%的差额确定。

（4）组织考察和候选人预备人选确定

镇党委成立考察组，对候选人初步人选进行德、能、勤、绩、廉等方面的综合考察。根据考察结果，按不少于应选名额20%的差额，研究确定村党组织班子成员候选人预备人选。其中，村党组织书记候选人预备人选一般应比应选人数多1名。

（5）直接选举

各村党组织召开全体党员大会，对镇党委确定的党组织班子成员候选人的预备人选进行充分酝酿讨论后，以无记名投票方式进行差额选举。选举采取直接选举的方式进行，先由全体党员直接差额选举村党组织书记，后由全体党员直接差额选举副书记，再由全体党员直接差额选举委员。选举前，所有候选人应向选举人作竞职演说，书记候选人要回答选举人的询问。选举结束后，选出的村党组织委员，报镇党委备案；村党组织书记和副书记，报镇党委批准；镇党委批准后的村党组织书记，报市委组织部备案。

3. 选举结果

坡岭村共有67个党员参加了投票选举。其中原村支书林怀喜得到了31票；鲍凤竹得到30票；林韶贤得到了6票。由于没有人得票超过半数，梁徐镇党委任命了曾任二塘村支书的钱存山担任坡岭村党支部书记。按照规定，参与竞选村支书人员如果竞选失败，可以参加副支书的选举，但林怀喜放弃了副支书的竞选。结果，杨广才和林韶贤在副支书的选举中当选。

（四）村委会选举办法和程序

在选出村党支部后，坡岭村接着进行了村委会换届选举。村委会的选举与村支部的选举程序类似。先通过公开报名、10 名以上选民提名等办法确定候选人预备人选；然后由全体党员、本村镇以上党代表、人大代表、政协委员、非中共党员的村组干部和村民代表、离退休老干部代表等人员组成的民主推荐会，确定初步的候选人人选；再报镇党委政府研究，确定差额的候选人预备人选；最后由全体选民投票。调查发现，坡岭村农民参与选举的积极性很高。在 2010 年的村委会选举中，全村有选举权的人数共计 2169 人，实际参选人数 2145 人，鲍凤竹得到了 1105 票，当选为村主任。

（五）村两委干部的基本情况

截至调查时点，坡岭村两委共有 7 个干部，其中 5 人是在 2010 年的选举中被选上的，2 人是被乡镇党委任命的。前已述及，由于竞选村支书的候选人都没有得到足够多的票数，梁徐镇任命了该镇二塘村的钱存山担任村支书。胡婷婷则是“大学生村官”，被任命担任坡岭村的副支书。

在 7 个干部中，仅有杨广才在两委中交叉任职。他既担任村党支部副支书，也担任村委会会计。尽管大学生村官胡婷婷属于专职的村党支部副书记，但她被借调到梁徐镇政府工作，所以很少参与管理村里的事务。

从总体上看，村干部的学历较低，有 3 人为初中文化程度，1 人为高中文化程度，2 人为大专文化程度，1 人为大学本科文化程度。村干部的年龄相对偏大，50 岁以上的 5 人，40 岁以上的 3 人。村干部的家庭经济状况在当地属于中上等水平。2012 年，村支书钱存山的家庭纯收入大约 12 万元，村长鲍凤竹的家庭纯收入高达 25 万元。坡岭村 7 个干部的基本情况见表 3。

表 3　　村干部的基本情况

姓名	任职	性别	年龄（岁）	文化程度	党龄（年）	工资或补贴（年）		家庭纯收入（元）	是否交叉任职
						水平	来源		
钱存山	支书	男	60	大专	30	17000	镇财政	120000	否
林韶贤	副支书	男	59	初中	8	15000	镇财政	60000	否
杨广才	副支书	男	55	初中	26	15000	镇财政	80000	兼任会计
胡婷婷	副支书	女	24	大学	4	—	镇财政	—	大学生村官
鲍凤竹	村主任	女	47	大专	—	16000	镇财政	250000	否
林良顺	村委会委员	男	48	高中	—	—	—	—	否
周亚兰	妇女主任	女	41	初中	—	12000	—	40000	否

（六）对农村治理状况的扼要评价

以村民自治为核心的农村基层民主是我国最直接、最广泛的民主实践。从前文的论述中可以看出，坡岭村的民主选举有较大进展。其主要表现是：第一，选举程序逐步规范化、科学化。第二，农民的民主意识逐渐增强，在选举中的参与度较高。第三，民主选举也产生了相应的效果。在 2010 年坡岭村的两委选举前，林怀喜同时担任村党支部书记和村委会主任。据说，镇党委、镇政府希望林怀喜能够连任。但林怀喜在村党支部书记选举中落选了，又在接下来举行的村主任选举中落选了。在调查中不少群众反映，林怀喜在选举中的落选与村里有人贿选有直接关系。我们认为，选举制代替任命制是社会进步的表现。毫无疑问，选举中的贿选等问题值得重视，但从一定意义上，有人为了当村干部而笼络、贿赂选民，也体现了选举制的优点。

目前，基层民主政治的主要内容是“四个民主”，即民主选举、民主决策、民主管理和民主监督。在“四个民主”中，民主选举是基础，后“三个民主”则决定民主的质量。坡林村在民主选举取得较大进展的同时，后“三个民主”也有一定成效。以低保对象的确定为例，坡岭村近年来在确定低保享受资格时均召集全体村民代表会议，由村干部及村民代表对各个申请对象的经济条件和其他条件进行对比。这种做法可以较好地保证有限的低保资金被用于那些最需要救助的人群。近年来在很多地方发现，农民对低保制度的公平性有很大意见。他们认为，一些经济状况很好的家庭享受了低保，而真正困难的却被排除在外。但在坡岭村的调查中，我们没有听到这种抱怨。在村级公共事务的决策方面，农民也有一定程度上的参与。农户问卷中有一个问题是“您是否参与村庄公共事务的决策”。我们曾担心农民是否理解什么是公共事务。但结果发现几乎所有的农民都知道这一概念，有的农民还能举出很多例子，例如修路、修渠。

但总的来看，坡岭村的农村治理的现状与民主政治的要求之间尚有很大差距，民主政治的质量较低。第一，后“三个民主”相对滞后。调查发现，后“三个民主”的发育缺乏相应的制度和政策环境。农村青壮年劳动力的大量外流、农村土地管理方式、党的领导方式、财政管理体制等都不利于后“三个民主”的发育和完善。例如，近年来坡岭村得到了多项专项资金投入。但村干部在争取有些项目资金时付出了一定的交易成本，从而就想躲避群众监督以便回收前期投入的交易成本。一些农民则认为这些项目和资金是“村干部有能力才搞到的”，也就对资金的使用方向、方式和效率问题不关心、不过问。从某种程度上说，正是以专项资金为主的资金分配方式，阻碍了农民参与资金管理和使用的积极性。第二，农民对村干部的认同度不高。从农民的评价看，村民对所在村的民主治理绩效的主观评价也偏低，对现有村委干部的认同度普遍不高。有的农民反映说，有的村干部之所以想当干部，就是想趁机捞一把，而不是想着为大家办事。第三，社会组织发育滞后。多样化社会组织的发育是未来社会发展的目标，也是建立健全农村民主政治的条件。但除了由村两委主导建立的居家养老服务站之外，坡岭村的其他社会组织，包括行业协会、社区组织、利益团体、同人团体、互助组织、兴趣组织等，都尚未真正发展起来。

五　村级财务及公共事业发展

（一）村级财务

1. 村级财务收入

2002年税费改革以前，坡岭村每人每年需要缴纳100元。这一资金由梁徐镇收取，镇里再给村里返还10元，用于教师、干部工资。逢年过节的时候，村里也用这一资金给教师发点奖金、实物。通常是每个教师100—200元，再发一条被面等实物。税费改革以后，教师工资全部改由公费发放，村里不再过问，奖金、实物也不再发放。

目前，坡岭村的村级收入主要分三部分。一是来自政府的专项转移支付；二是农村公益事业一事一议资金；三是集体房屋、土地等财产的租金。表4反映了坡岭村2010年和2011年的财务收入情况。

表4　村级财务收入情况　单位：元

年份	收入总额	上级补助	一事一议	企业上缴的租金	店面等房产租金	发包水面收入	私营企业主帮扶	水利专项资金
2010	186864	137344	38720	3000	800	400	3000	0
2011	208064	137344	38420	1500	800	0	0	30000

2. 村级财务支出

坡岭村的村级财务支出主要包括村组干部工资、办公经费、招待费、报刊订阅费、五保户生活费等（见表5）。村干部及组干部的工资以及办公经费、招待费，主要来源于上级财政转移支付资金。表5中的“村干部工资”，包括村支书、2个副支书、村长、副村长共5人的工资。“组干部工资”，包括3个村委会委员的工资。修建道路、水利的资金，主要来源于一事一议资金。按照当地的政策，农民每人每年需要缴纳20元的一事一议费。五保户生活费由镇、村共同负担，其中村级负担70%。每年乡镇在给村里转移支付时，直接扣除了这一资金。

表5　　村级财务支出　　单位：元

年份	支出总额	村干部工资	组干部工资	水电等办公费	招待费	订报刊费	五保户生活费	修建道路	修建水利	偿还债务及利息
2010	209501	46187	32827	4000	3000	3827	37660	42000	0	40000
2011	257009	67698	45403	4000	3000	3758	45150	40000	10000	8000

（二）公共事业发展及其资金来源

前已述及，坡岭村农民每年需要缴纳20元的一事一议费。2010年和2011年的一事一议资金都用于修建道路。但这两年修建道路的资金除了一事一议资金，还包括上级政府的拨款和村集体筹措的资金。按照江苏省的规定，农村公益事业建设一事一议财政奖补的对象为按规定通过民主决策，由农民筹资筹劳投入建设的村级公益事业项目。主要包括：村内道路、桥梁（行政村到自然村或居民点）、村内水渠（灌溉区支渠以下的斗渠、毛渠）、堰塘、桥涵、机电井、小型提灌或排灌站等小型水利设施，以及户外村内环卫设施、植树造林、村容村貌改造等。

2010年，坡岭村修建了0.8千米的道路，共投资12万元，其中农民一事一议集资3.8万元；上级财政奖补资金4万元；村集体筹资4.2万元，三个投资主体大体各承担投资总额的1/3。2011年，坡岭村修建了1.3千米的道路，共投资21万元。其中农民一事一议资金及其他集资10万元；上级财政奖补资金拨款7万元；村集体筹资4万元。2010年和2011年，坡岭村还修建了6处水利设施，其中上级政府拨款3万元，村集体投资1万元。

2012年，村里进行硬化渠道工程以有利于排灌，总长度10750米。该项目的资金来源于政府水利部门，配套资金由村里承担。除了每人每年20元的一事一议，另外增收30元。2012年，村里还实施了电网改造，受益对象涉及全村6个村民小组，该项目全部由政府投入。

在近几年中，坡岭村还有完全依靠企业老板赞助进行道路建设的个案。例如，2010年7组修建了300米左右的道路、花费15000元左右，完全由企业老板承担。2012年，8组、9组、10组修建了360米长、共计1800平方米的道路，总投资10万元。村里拿出了8000元的一事一议资金，其他资金完全由这三个村民小组的农户集资。

在农村公共事业发展中，上级政府拨款及农民集资大都是固定的。在这些固定收入不能满足项目建设需要的情况下就需要村集体筹资。但是，坡岭村除了零星的财产性租金之外，几乎没有任何收入来源。在这种情况下，坡岭村集体筹集资金的主要渠道就是利用村里的社会资源。由于坡岭村外出打工的人较多，这些人中有一些在外面当老板，收入较高。据林怀喜介绍，村里每年召开座谈会，利用大家回家探亲的机会，给他们送请帖，请他们到村里开会，共商村里的发展，希望他们给村里的发展提供发展。村里对他们的家庭在很多方面给予一些力所能及的帮助。同时，村里也尽力解决这些人的家庭在生产、生活中遇到的困难。如农田收割时候，组织劳动力给他们收割。这样，他们对村干部也比较感激，从而他们愿意为村里做点事情。林怀喜说，村里多数的公益事业都是老板集资的。他举例子说：20世纪80年代，村里修建了3个配电房（3台变压器）；1992年修建的村办公室，均为企业老板筹资。坡岭村村内的主要通道是1998年修建的，也是老板修建的。林怀喜个人也捐资1000元。2006年林汉金（振杰机械厂老板）捐资33万元，修建了另一条村内主干道，林怀喜捐资5000元。2008年新农村建设，主要搞河道清淤，美化村庄环境。尽管这是以奖代补项目，但前期建设资金需要投入 40 多万元，也是由企业老板垫付的。

（三）对社区公共事业资金筹措机制的扼要评价

从我国目前的情况看，与农村社区发展相关的公共事务完全依靠政府大包大揽是不现实的。坡岭村借助一事一议制度以及农村已有的社会资源来发展农村公共事业的做法，是现实的选择。而且，这种方式也更容易使得公共事业供给的内容与农民的需求相一致，有助于提高资源的配置效率，也有助于提高农民参与社区公共事务的积极性。但是，应该看到，社区公共事业的类型多种多样。有些公共事业必须依靠政府财政投入才能得到相应的发展。在今后的改革和发展中，应界定哪些类型的社区公共事业可以采取社区筹资酬劳的方式，哪些类型则必须由政府财政投资，哪些类型可以采取社区筹资酬劳、政府给予补助或奖励。否则，一些急需公共事业就发展不起来，社区保障就是一个典型的例子。从农民的选择看，由于农民异质化、高流动性以及各个家庭所面对的风险类型、应对风险的手段和能力的差异，各个家庭之间不太可能形成协调一致的对于脆弱群体保护的偏好。从村干部的行为方式看，他们可能更重视供水供电、农村公路、社会治安能够对所有的人产生影响、能够看得见和有持续影响的项目。受上述两个因素的影响，社区对弱势群体的保护机制就会趋于瓦解。

另外，应充分认识到以专项资金为主的资金配置方式存在很多弊端。第一，专项资金不是按照各个村的实际需求有计划、有针对性地进行分配的，而是村干部通过找关系、游说等途径而争取到的。在这个过程中，村干部预先不知道是否能够争取到项目或专项资金，以及可能得到多少。这种不确定性就导致村里根据自身的实际情况进行预算，不能统筹安排村里的公共事业的发展。第二，一些农业需要的随机性强，很难事先预料，从而也就不可能在年初的时候就向上级有关部门申请。但当急需资金的时候，从申请专项资金到得到批准需要时间。这种时滞性，导致村里需要资金的时候，不能及时得到资金，从而影响农业生产和农村的发展。第三，专项资金通常对使用的方向和用途都有严格的规定。但各个村的情况千差万别，专项资金的专用性就必然导致分配到村的资金或项目不能发挥应有的作用。第四，很多项目资金都要求配套资金。有的项目实施“先建后补”“以奖代补”的支持方式。这种做法的初衷是避免一些地方套取项目资金，却也导致村干部为了得到奖励或补助，采用借款、群众集资等手段，先把项目做起来，项目与农民的实际需要不相吻合。

六　农村社会保障事业

与全国的总体情况相似，近年来坡岭村农村社会保障事业的改革和发展有了突破性进展。农村低保、五保等社会救助事业、新型农村社会医疗、新型农村社会养老保险制度纷纷建立了起来并逐步完善，在保障民生方面发挥了积极作用。

（一）农村社会救助事业

1. 农村社会救助的内容及救助程序

农村社会救助事业的内容包括农村五保供养、农村居民最低生活保障、农村计划生育家庭、孤儿及重残疾人员救助等多个方面的内容。

姜堰市制定了以下规范的低保等困难对象保障救助程序。

（1）个人申请

新增五保和低保需要个人申请。

（2）排查和初审

由村（居）干部对上年度各类救助对象和新申请的报告进行筛

选，登门了解情况，走访周围邻居，做好笔录，向村（居）委会报告后，报经村（居）领导小组表决通过，进行7天公示。然后报给乡（镇）民政科。

（3）核查

镇民政科对村（居）报送的救助对象的相关资料进行初审，登门核查，确定无异议后，审核采集的有关数据，然后报给姜堰市民政局。

（4）抽查

姜堰市民政局在收到镇报送的各类救助对象的申请后，组织纪检、审计、财政、农工办、残联等部门进行抽调，按照10%的救助对象登门进行核查，无异议后进行审批，报姜堰市政府。

（5）发放打卡

农村低保、农村重残、农村孤儿每季度发放一次，于每季度首月10天前发放。农村五保金每半年发放一次，于每年的7月10日和12月10日前发放。

2. 救助标准和覆盖范围

从2004年1月起，姜堰市全面实施农村居民最低生活保障制度，保障标准为1000元/人/年。低保资金由市财政承担50%、镇财政承担40%、泰州市补助10%。

姜堰市农村救助标准不断提高。2011年，农村低保的标准为每人每月210元。2012年1月至6月，农村低保标准调整为每人每月230元。从2012年7月1日起，农村低保标准进一步增加到了每人每月270元。2011年，农村五保集中供养标准为每人每年3000元、分散供养的标准为每人每年2200元。2012年1月至6月，两者分别调整为每人每年3800元和3000元。从2012年7月1日起，两者分别增加到每人每年4800元和3800元。按照江苏省的政策，城乡居民最低生活保障标准分别按上年度省辖市城镇居民人均可支配收入、县（市）农民人均纯收入的20%—25%综合确定，增幅不低于城乡居民收入的增幅。

2011 年，农村孤儿生活救助标准为每人每月 600 元。2012 年 1 月至 6 月，救助标准调整为 800 元。从 2012 年 7 月 1 日起，进一步调增到每人每月 880 元。农村重残无业人员参照农村低保。农村低保家庭中的重度残疾人每人每月 60 元。

坡岭村共有 24 户五保户，其中集中供养 5 户，分散供养 19 户。享受最低生活保障的有 59 户、86 人。坡岭村有 49 户、54 人享受计划生育养老补助，补助标准为每人每年 720 元。

在 86 名低保对象中，超过 60 岁的有 22 人，60 岁以下的 64 人。据坡岭村干部介绍，坡岭村还有 20 多个 60 岁以上的单身汉，这些人目前尚有较强的劳动能力，但以后他们也将被纳入低保或五保救助之中。在 60 岁以下的人员中，目前有 10 多个处于低保边缘。

3. 低保审核

为了防止不符合条件的人进入低保，姜堰市制定了规范的低保审核程序。一是“民主票决制”。由村（居）民代表投票表决低保申报对象资格，以民主保障民生。扩大参与票决人群，推行分片票决，避免因代表比例过低、对票决对象不熟悉造成随意票决现象。统一票决程序、样式，全面实施无记名秘密票决。二是“定时公示制”。全市实行统一的张榜公示时间，市民政局提前在新闻媒体上发布公示时间，提醒群众监督。三是“程序审查制”。将市对低保申报对象的审核重点由个案核查向程序审查转变，着重审查村（居）操作程序是否合规，资料是否齐全，群众是否公认。四是“严格奖惩制”。适当补助村（居）低保核查经费，同时，由市民政、纪检、监察等部门联合出台文件，严明低保工作纪律，一旦发现优亲厚友现象，将严肃查处，从重追究责任。五是“有奖举报制”。出台激励政策，鼓励社会各界对低保工作进行监督、举报。

（二）新型农村合作医疗

1. 缴费标准

2004 年姜堰市开始建立新型农村合作医疗制度（简称新农合）。当时农民的筹资标准为每人每年 10 元。在之后的这些年份中，姜堰市多次提高新农合的筹资标准。2012 年农民每人每年需要缴纳 60 元。农村最低生活保障对象的家庭成员、农村五保户及农村重点优抚对象等医疗救助对象参加新农合，其个人缴费部分在医疗救助基金中安排。

在初始开展新型农村合作医疗的几年，由于农民对新农合制度不了解、新农合的报销水平低等因素的影响，农民参加新农合的积极性不高。随着时间的推移，农民参合的积极性不断提高。在最近几年中，坡岭的参合率基本上达到了 100%。2012 年，坡岭村共有 702 户、1719 人参加了新农合制度。

为了解决贫困人口的看病就医问题，在建立新农合制度的同时，我国也同步建立了农村医疗救助制度。医疗救助主要有两种类型，一是由医疗救助资助贫困人口参加新农合，从而使得他们可以享受到新农合的医疗费报销。二是实行二次补偿，即对于在原有报销的基础上仍然难以承担自付医疗支出的家庭给予一定数额的报销。2012 年，坡岭村接受二次补偿的共有 13 户、13 人。

2. 住院补偿办法

根据《姜堰市新型农村合作医疗制度实施细则》的相关规定，参加人每次住院发生的新农合补偿范围以内的医药费的具体补偿标准如下。

（1）在本市实施基药制度的一级定点医疗机构住院，每次起付线 300 元，300 元以上的部分按 75% 进行补偿，其中住院医药费中新农合补偿范围以内的中草药饮片费用按 85% 进行补偿（只限于即时结报）。

（2）在本市未实施基药制度的一级定点医疗机构住院，每次起付线300元，300元以上的部分按65%进行补偿，其中住院医药费中在新农合补偿范围内的中草药饮片费用按75%进行补偿（只限于即时结报）。

（3）在本市二级定点医疗机构（含参照二级医院管理）以及华山医院住院，每次起付线500元，500元以上的部分按55%进行补偿，其中住院医药费中新农合补偿范围以内的中草药饮片费用按70%进行补偿（只限于即时结报）。

（4）经本市市级医疗机构转诊，在本市以外的二级及其以上非营利性医疗机构住院，每次起付线800元，800元以上的部分按35%进行补偿；未经转诊或未在转诊指定医疗机构就诊的按25%进行补偿。

（5）经本市市级医疗机构转诊，在本市以外的二级及其以上营利性医疗机构住院，每次起付线1000元，1000元以上的部分按30%进行补偿；未经转诊或未在转诊指定医疗机构就诊的按20%进行补偿。

（6）因急诊在市外医疗机构住院的参加人，须自住院之日起15个工作日内向市合管办报告，并在出院后1个月内凭急诊证明到市合管办办理转诊手续；长期外出务工人员在务工地住院的，须在出院后3个月内凭务工证明、暂住证和身份证到市合管办补办转诊手续。

（7）每次住院发生的符合补偿条件的住院医药费达到起付线以上的，最低补偿金额为100元。每个参加人每个参加年度最高补偿金额为10万元。每次住院医药费中的医用材料费最高按8000元纳入新农合补偿范围；实际费用低于8000元的，按实际发生的费用计算。

3. 基本药物制度

由于筹资水平的提高，新农合的保障程度也相应提高了。农民住院的补偿比和封顶线逐步提高。同时，农民门诊也能得到一定比例的报销。但是，由于定点医疗机构医疗费用过高，致使农民从新农合中得到的好处打了折扣，政府补贴的很大部分将流入医疗机构。实地调查发现，农民对新农合制度不满意的一个重要原因是定点医疗机构的医疗和服务费用高。很多农民尤其是经济条件较差的农民在患病时会选择在药店买药自行治疗或者放弃治疗。很多老年农民患有慢性病。但他们大多选择在药店买药吃，而不是在村卫生室看病。郑先生就是一个典型的个案。郑先生患有高血脂、高血糖等慢性病。他说：去医院和村卫生室看病能报销一部分，但药价贵，报销的比例低，在药店买药更合算。他举例子说，盐酸二甲双胍在药店的售价一般为每盒2—3元，在促销时每盒才1.5元，而在医院的零售价则高达5元以上。

为了解决医疗机构药价高的问题，姜堰市按照江苏省的要求建立基本药物制度。农民在乡镇卫生院及村卫生所就诊的药品价格大大下降了。村卫生室的负责人介绍说：村里的基本药物制度从2012年1月1日起开始实行；与之前相比，药品价格平均下降了60%。以前10元的药，现在有的只要1元多；药价下降后，到卫生室看病的人明显增多了。

（三）新型农村社会养老保险

2009年9月，国务院颁发了《关于建立新型农村社会养老保险的指导意见》，决定从2009年起开展新型农村社会养老保险（简称新农保）试点工作。同年11月姜堰市被国务院确定为全国首批新农保试点县（市）。2010年3月，姜堰市政府根据国务院指导意见，并结合自身的实际情况，颁发了新的城乡居民养老保险办法。

根据国务院指导意见和江苏省政府的政策，姜堰市新的城乡居保制度规定农民参保时每人每年财政补贴30元，退休时政府再每人每月补贴60元基础养老金。制度实施时年满60岁的老人，子女全参保，个人无须缴费每人每月享受60元基础养老金。基础养老金省（中央）、市、镇各负担20元。制度实施时不到60周岁的，需要补缴15年的保费，例如某个农民现在58岁，前面13年补缴，后面两年的缴费逐年缴纳。在缴费标准上，姜堰市没有采用国家规定的100元、200元、300元、400元和500元这5个档次，而是沿用了之前的每人每年550元的缴费标准。2010年规定，低保户、二级以上的残疾人，养老保险费减半。

江苏省建立了新农保和城镇居民养老保险基础养老金正常增长机制和财政保障机制，规定2012年新农保和城镇居民养老保险基础养老金最低标准由不低于每人每月60元提高到不低于每人每月70元。姜堰市新农保的基础养老金从过去的每人每月60元提高到了每人每月70元。据调查，坡岭村大部分60岁以上的老年人都可以享受新农保的基础养老金。但是，由于国务院指导意见中指出："新农保制度实施时，已年满60周岁、未享受城镇职工基本养老保险待遇的，不用缴费，可以按月领取基础养老金，但其符合参保条件的子女应当参保缴费。"姜堰市根据这一内容，明确规定了子女参保缴费是父母农民享受基础养老金的前提条件。如果老年人口有多个子女，这些子女即使与父母分家另过，也都得参保缴费。调查发现，这种严格的"捆绑"机制使得一部分老年农民不能享受基础养老金。这些老年人主要包括两种类型，一类是极度贫困家庭中的老年人，他们的子女无力承担哪怕是最低标准的保费（每人每年550元）；另一类是家庭矛盾突出或子女不孝顺的老年人，他们的子女不愿或故意不参保。与其他农村老年人口相比，这两类人群对养老金的需求更加迫切但却不能从新农保制度受益，从而加剧了农村老年人口生存状况的差异。

姜堰市从2011年3月起，对全市80周岁以上的老年人发放尊老金，凡具有姜堰市户籍的80周岁以上的老年人，均享受高龄老人尊老金，其中80—89周岁的标准为每人每月50元，90—99周岁的标准为每人每月 100 元。100 周岁以上老人按照江苏省的统一办法执行。同时，姜堰市建立了尊老金的自然增长机制，按照经济发展和物价的变动，相应调整尊老金的发放标准。尊老金每季度发放一次。姜堰市规定，市、镇（区）两级财政应将尊老金经费纳入年度财政预算，按 5∶5 的比例分级负担。

（四）对农村社会保障事业发展的扼要评价

从对坡岭村的调查看，农村社会保障事业改革和发展的进展很快，效果较好。新型农村合作医疗和农村医疗救助制度缓解了农民看病的经济负担，在一定程度上解决了农民因病致贫和因病返贫现象，促进了农民更多地利用医疗卫生服务。以农村低保和五保户救助为主要内容的农村社会救助制度，对解决极端贫困人口的温饱问题起到了重要作用。新农保制度是开创性的重大社会保障制度建设，标志着农民老年生活保障权开始从法定权利转向现实权利。但是，农村社会保障覆盖面窄、保障程度低。由于农村治理和民主政治滞后等原因，农村社会保障项目存在着瞄准失误的问题。其中既包括一些应该享受保障的农民没有得到保障的现象，也包括不应该享受的群体或个体却得到了的现象。在今后一个时期，农村社会保障事业改革和发展依然任重道远。改革和发展的目标是进一步完善制度，提高保障水平，增强公平性，保证可持续性。

第三章

农村老年人口的主观生活质量评价及其形成机理

本章主要考察老年人口的主观生活质量评价、主观生活质量与客观生活质量的关系以及主观生活质量评价标准的形成机理。主观生活质量评价的指标包括个人的生活幸福感、对生活的总体满意度以及对生活不同方面的满意度。对客观生活质量的分析主要从老年人口的居住条件、生活设施条件和享受的社会保障水平三个维度展开。

一　主观幸福感受

（一）生活满意度

为了考察老年农民对生活的满意度和幸福感，我们请受访老人对自己的生活及生活的几个主要方面打分。满意度评价采取10分制，1分代表最低，10分代表最高。同时，我们对受访者的打分按五分法归类，将农民对生活的满意程度分为非常满意（9—10分）、比较满意（7—8分）、一般（5—6分）、比较不满意（3—4分）、非常不满意（1—2分）。以同样的记分法请受访者对自己的文化程度、收入水平、就业、住房、家庭、婚姻、社会地位、健康状况、村自然环境以及村干部进行主观评估。

表1 **老年人主观幸福感评分** 单位：个，分

	样本量	极小值	极大值	均值	标准差
生活	39	5	10	7.97	1.53
文化	38	1	10	6.34	2.11
收入	39	2	10	6.97	2.13
就业	33	0	10	5.64	2.92
住房	39	1	10	7.54	2.11
婚姻	35	0	10	7.37	3.07
社会地位	39	3	10	7.69	1.54
健康	39	2	10	7.05	2.15
村自然环境	38	4	10	7.42	1.64
村干部	38	3	10	7.55	1.81
幸福感	39	5	10	8.46	1.37

从调查结果看（见表1），总体上坡岭村的老年人对自己的生活相当满意，其生活满意度平均分为7.97分。其中，41.0%的老年人对自己的生活非常满意，38.5%的老人选择了比较满意，剩余20.5%的老人对自己的生活评价为一般，但并没有人表示生活不满意甚至非常不满意。

分项考察坡岭村老人对生活各方面的满意度均值，除了在就业、文化程度和收入的满意度上的满意度为一般，对其余各项的评分均为比较满意。特别是对就业状况的满意度仅为5.64分，显著低于其他各项的评分。而从就业相关的客观指标来看，受访的33位老人中，74.4%的老人仍然参加劳动，但其就业类型较为单一，近八成的老年人都在从事农业生产。老年人对自身就业状况的不满

意的原因主要有两类：一类是虽然老年人有较强烈的就业愿望，但由于年龄偏大而在就业市场上缺乏竞争力，很难有非农就业的机会；另一类则是部分老人感到现有强度的劳动已逐渐超出其体力承受范围，希望退出劳动领域，安享晚年，但迫于生计的压力不得不继续劳动。

（二）生活幸福感

主观幸福感是与生活满意度既高度相关又有所区别的概念。Andrews 和 Withey（1976）[①] 提出了主观幸福感的三个成分——积极情感、消极情感和生活满意度。其中，积极情感和消极情感分别指个体在一定时间段内所经历的积极或消极的情绪体验；生活满意度就是指个体构建出一个适合于自己的标准，并将其生活的各个方面（如工作、婚姻、健康等）作为一个整体来评定自己的满意感程度。Diener（1984）[②] 认为生活满意度是主观幸福感的关键指标，它更接近认知维度，是对自身幸福感更有效的肯定性衡量标准，是独立于积极情感和消极情感的另一个因素。邢占军（2005）指出，尽管主观幸福感和生活满意度有着密切的联系，但仍有着一定的差异，不能混为一谈。

采用与生活满意度评价相同的方法，本研究继续以 10 点计分法请受访者为自己目前生活幸福状况进行评分。从调查结果看，坡岭村老人的生活幸福感与对生活的满意度评价存在显著的正相关关系（见图 1）。受访者对其幸福感评分的均值高达 8.46 分，比对生活满意度的评分均值还高 0.49 分。受访者中，近半数的老人认为自己生活得非常幸福，41.0% 的老人感到生活比较幸福，仅有

① Andrews F. M., Withey S. B., *Social Indicators of Well Being*, New York: Plenum. 1976.

② Ed. Diener, Subjective Well - Being, *Psychology Bulletin*, 1984, 95 (3): 542 - 575.

10. 3% 的老人幸福感一般，同样没有人感到生活得比较不幸福甚至非常不幸福。从图像上看，幸福感曲线较满意度曲线更为平滑，廖永松（2012）对此现象的解释是，幸福更偏向于人生长远的思考和评价，而生活满意度更偏向于目前生活状态的主观感受，因此，在描述他们的幸福感时，原来一些回答对生活特别不满意或不满意的人描述为一般，从一个更长的角度看，不幸福的农民也并不如当前生活不满意的表现得那样强烈。

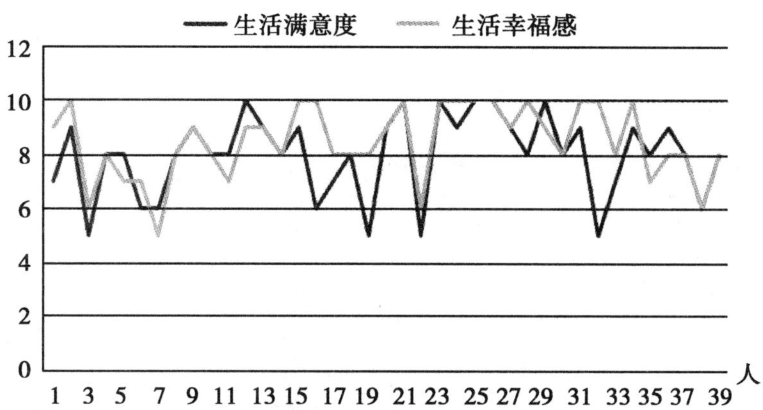

图 1　老年人主观幸福和生活满意度

（三）幸福感的代际差异

为了能够更充分地理解坡岭老人的心理特征，也为了更充分地理解老年人对生活满意度和幸福感评分的含义，我们以同样的量表测量了坡岭村年轻人的主观幸福感作为参照。课题组在坡岭村的工厂、小卖部、卫生室等人口聚集场所，向随机选取的 40 名 18—59 岁的人发放了调查问卷，最终回收有效问卷 33 份，有效问卷回收率为 82. 5% 。

对比坡岭村年轻人和老年人的生活满意度和幸福感评分可以发现，老年人对生活满意度及幸福感的总体评价明显比年轻人高（见图 2）：老年人对生活满意度的评分比年轻人高 0. 67 分，而对幸福感的评分更比后者高了 1 分还多。与老年人选择对生活“非常满意”的人群所占最高比例最高的现象不同，在年轻人对生活满意度的评价中，占比例最高的是对生活“比较满意”的人群（占年轻人样本总量的 36.4%），其次是选择感觉生活“一般”的人群（占 30.3%）；仅有 27.2% 的年轻人对生活“非常满意”，该比例比有同等评价的老年人所占比例低 13.8%；此外还有 6.1% 的年轻人表示对生活“比较不满意”。同样地，在年轻人对生活幸福感评价中，感到生活非常幸福、比较幸福、一般和比较不幸福的年轻人各占 40.6%、28.1%、21.9% 和 9.4%。各种分析均表明，老年人生活的满意度更高，幸福感更强。

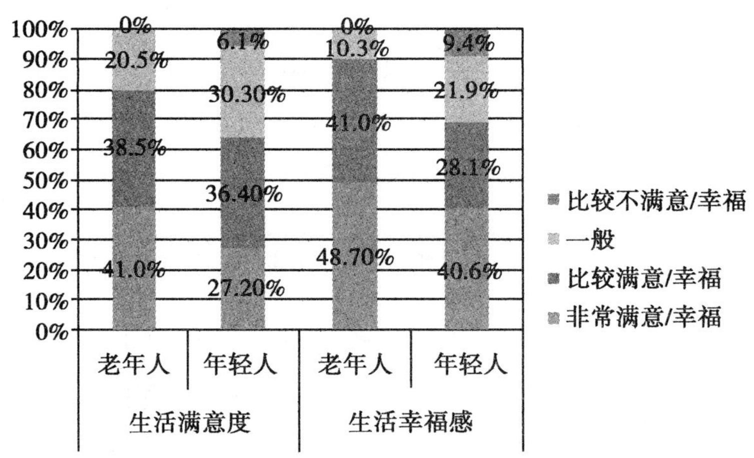

图 2　主观幸福感代际对比（一）

具体从生活的各方面评分来比较（见图 3），老年人除了对自身婚姻状况、就业状况和健康状况三项的满意度评分上略低于年轻人的自我评分，其余各项满意度均高于年轻人。即使从客观条件上看，老年人在某些方面的实际状况并不如年轻人，但前者的满意度依然较后者高。比如，尽管从客观上说老年人的收入水平、住房条件从整体上看均比年轻人差，但老年人的满意度仍比年轻人高了 0.97 分、0.74 分。而代际间的这种差异表明，老年人比年轻人更容易满足，更懂得“知足常乐”。

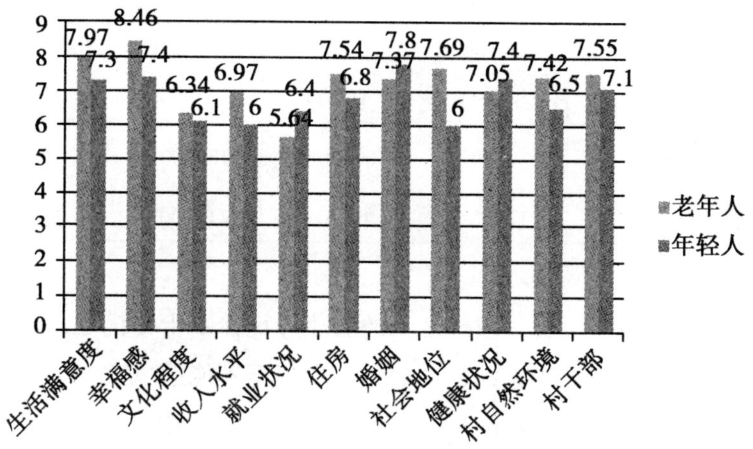

图3　主观幸福感代际对比（二）

二　主观幸福感与客观福利

（一）居住条件

80%的老人或其配偶名下有住房，基本实现了居者有其屋。但老人的住所一般都较为陈旧、价值较低且建筑类型和建筑结构较为落后。具体来说，从房屋建造的年代来看，受访老人所住房屋的平均房龄已近20年，其中，10.3%的房屋建于20世纪80年代之前，20.7%的房屋建于20世纪80年代，近20年和近10年内建的房屋各占34.5%。从房屋价值来看，受访人所居住房屋平均现值约为17.8万元，但其中32%的房屋价值不足10万元，并且价值不足5万元的房屋也占到了24%。从房屋面积上看，坡岭老人户均宅基地面积为0.5亩，户均房屋面积139.7平方米，户均房屋5.25间。从房屋类型和结构上看，62%的老人所住房屋为平房，且以砖石结构为主（58%），甚至仍有老人居住在土坯房中（见表2）。

表 2　　坡岭老人住房状况

	平均值	25% 分位数	50% 分位数	75% 分位数
建造年份	1991 年 6 月	1986 年 5 月	1995 年	2002 年 5 月
宅基地面积（亩）	0.49	0.20	0.50	0.65
房屋面积（平方米）	139.69	60.00	130.00	200.00
价值（万元）	17.82	5.50	14.00	24.00

虽然从总体上看，坡岭老人的居住环境并不十分优越，特别是一些家庭困难的独居老人，其居住房屋甚至不能遮风避雨，但他们对生活依然感到满意和幸福。我们从房屋价值、建造年份两方面对老年人的住房状况与生活满意度和住房满意度进行了交互分析（见图 4）。按住房价值的四分位数将老年人住房分为最低、较低、较高、最高四组，分别测算四组老人对生活满意度和住房满意度的均值，结果表明，住房价值与满意度评价间不存在相关关系：住房价值最低组生活满意度最高，住房价值较高组对住房的满意度最高。按年代划分，测算 20 世纪 80 年代前、20 世纪 80 年代、20 世纪 90 年代和 2000 年以后的房屋住户的生活满意度和住房满意度的均值，结果同样表明，房屋建造年代（即房龄长短）与满意度间不存在相关关系：房龄最长的房屋住户的两项满意度均值最低，但房龄次长的房屋住户满意度均值最高。

（二）生活条件

饮水、炊事能源和厕所条件与农民日常生活所必需的，这些与居民生活密切相关的现代化配套设施的使用率是反映农户的物质生活条件和生活质量的客观指标。从调查结果看，目前坡岭村仍有 15.8% 的老人因经济困难而没能用上入户自来水，其饮水安全难有保障，甚至有 5.4% 的受访老人存在饮水困难。从炊事燃料来看，由于成本较低，坡岭村 60% 的老人仍以柴草为主要炊事能源，而烧

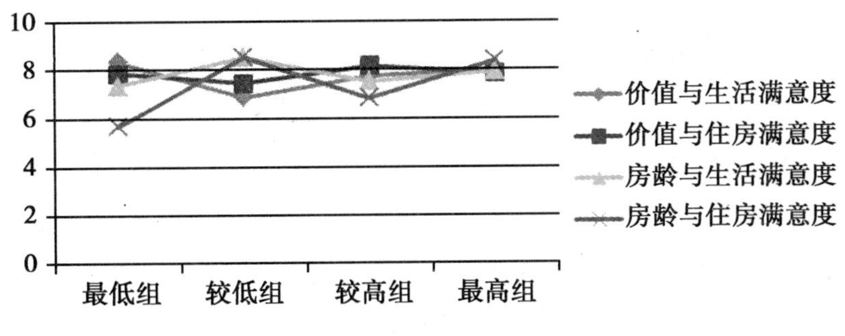

图 4　住房状况与满意度

煤气、天然气及电的老人仅占40%。随着农村卫生条件的改善，老人们家中的厕所已经逐步由室外的旱厕转变为室内的水冲式厕所，但也仍有27.8%的老人使用院外的旱厕（见表3）。

表3　　　　生活条件与主观幸福感

	入户自来水		饮水困难		主要炊事能源		厕所		厕所位置		
	无	有	存在	不存在	柴草	非柴草	旱厕	水冲	院外	院内	室内
占比	15.4%	82.1%	5.3%	94.7%	53.8%	35.9%	46.1%	46.1%	27.8%	25.0%	47.2%
满意度	8	8	9	7.9	8.1	8	7.3	8.7	7.3	7.3	8.8
幸福感	8.2	8.5	10	8.3	8.6	8.7	8.3	8.6	8	8.6	8.6

通过对比可以发现，尽管坡岭村地处富庶的江苏省，且近年来农民生活条件和生活环境都有了较大改善，但部分老人生存环境依然严峻。15.4%的老年人尚未享受到入户自来水，甚至5.3%的受访老人存在饮水困难的情况；从炊事能源看，超过半数的受访老人依然使用成本较低的柴草作为主要炊事能源，愿意使用并能负担得起价格较高的电、煤气、天然气等炊事燃料的受访老人只占少数。然而，即使是生活条件相对恶劣，这部分老人对生活的满意度和幸福感却丝毫未减。表3显示，在饮水安全尚无保障的情况下，这部分老人的生活满意度和幸福感均值也在8分以上。

（三）社会保障水平

社会保障是政府和社会向个人、家庭提供的收入保障，以防止人们因各种意外因素影响其最基本的生存和发展。《中华人民共和国宪法》规定："中华人民共和国的公民在年老、疾病或丧失劳动能力的情况下，有从国家和社会获得物质帮助的权利。"可见在年老时获取来自国家和社会的物质帮助是宪法赋予公民的一项基本权利。然而长期以来，我国农村社会保障制度发展滞后，城乡社会保障待遇差别明显。虽然近年来国家加大了对农村社会保障建设的投入，新型农村合作医疗、农村低保、新型社会养老保险等保障项目取得突破性进展，但总体来说，农村社会保障制度的保障水平仍然较低，农村老人所拥有的社会保障资源也较为有限。以与老年人关系最直接的社会养老保险制度为例，城乡社会养老保障水平差异显著。同是生活在坡岭村的老年人，受访老人中的 11 位退休职工平均每人每月可领取退休金 1235.4 元，而 28 位一般意义上的老年农民每月人均领取新农保养老金仅合 70 元（843.4 元/年），前者是后者的 17.6 倍。

但是，对比一般老年农民和退休职工的主观幸福感，发现两类老人对生活的满意度和幸福感的评分基本相似，甚至一般老年人生活满意度评分（8.1 分）比退休职工的生活满意度（7.6 分）略高（见图 5）。可见社会保障待遇的悬殊并没有对一般意义上的老年农民的心理造成负面影响，他们并非没有意识到这种差异的悬殊，但却没有由此产生相对剥夺感，因而依然保持了较高的幸福感。

三　老年人幸福感的源泉——基于价值观的解读

对生活满意度和幸福感较高的评分反映了坡岭村老人"幸福"的心理状态，然而我们更希望了解的是坡岭的老人为何对生活如此满意。在社会发展的过程中，对于许多城市居民和年轻人来说，虽

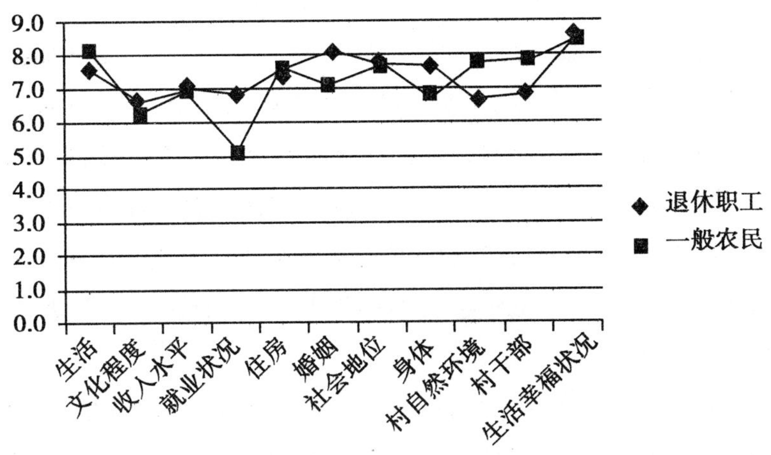

图5　社会保障水平与主观幸福感

然物质生活越来越丰富，但他们似乎并没有感觉到比以前更快乐。这看起来是个十分棘手的问题，也因此引起了越来越多的学者对幸福感的关注、对经济发展质量的反思。然而在农村地区，情况却恰好相反——生活在农村的居民在物质生活条件相对较差的情况下，却依然保持着相对高的幸福感和生活满意度（John Knight，Lina Song and Ramani Gunatilaka，2007）。对于农村的老年人来说，主观幸福感与客观福利间的背离尤为明显。要理解老年人的幸福感，就要理解老年人的价值观，了解其幸福感形成的机理。

（一）解决温饱是老年农民幸福的标杆

为了找到坡岭村老人幸福感的源泉，我们首先要了解老人们所理解的幸福生活有怎样的内涵。在生活满意度评分量表之后，对于那些生活满意度打分在 8 分以上或 3 分以下的调查对象，问卷中设计了开放性的问题，请其陈述对生活特别满意或特别不满意的原因。由于没有老人对生活满意度评分低于 3 分，因此我们只询问了老人对生活较满意的理由，共有 26 位老人回答了该问题。然而，令人吃惊的是，这 26 位对生活满意度较高的老人所陈述的原因竟然出乎意料的相似：80.1%（21 人）的老人对生活高度满意感源自“不愁吃穿”。老人们认为，“我们这么大年纪的人是从那种年代过来的，我们小时候没得吃没得穿没得用‘三没得’”“（现在的生活）太好了，好比天堂，以前父亲都没粥吃，现在我有粥吃”“没有共产党生活就没这么好，屋里现在都是粮食，现在只要肯劳动就有吃的”“要吃的有吃的，要穿的有穿的，要钱用有钱用，还有就算无依无靠还有共产党（主要指社会保障政策——笔者注），像这样的社会到哪找？”

Duesenberry（1949）强调人们的幸福感评价会以往期收入和消费水平为参照，该特征在坡岭老人中表现得十分明显。从老年人对生活评价的陈述中我们发现，老年人对生活满意与否的判别是一个纵向比较的过程，曾经食不果腹、衣不蔽体的生活似乎在这代人的记忆中留下了难以磨灭的印记。而这代人对生活的理解和定义十分简单，生活条件的改善，更确切地说，甚至仅仅是温饱问题的解决就能给老年人带来极大的心理满足感。

（二）家庭和睦是老年农民最珍视的财富

在老年人幸福感形成的过程中，哪些方面对其是否幸福比较重要的？这就需要对老年人的价值观进行分析。问卷中设计了一个与价值观相关的问题，请受访者列举三个他们认为对幸福状况影响最重要的因素。从受访者的回答看（见图 6），家庭关系（22.1%）、身体（18.6%）以及金钱（16.3%）是老年人认为的决定幸福生活的三个最重要因素。如果把夫妻关系也归纳到家庭关系中，则认为家庭关系在幸福生活决定因素中所占比例将达到近 1/3。家庭关系和睦对老年人的幸福生活之所以如此重要，一个关键的原因在于老年人的晚年生活仍然要依赖家庭的支持，特别是在身体状况变差后，对来自家庭的经济供养和生活照料存在较大的需求。那些生活幸福的老人通常都有一个和睦的家庭，而那些家庭失和、出现赡养纠纷的老年人，往往晚景凄凉。身体健康对老年人获得幸福的重要性自是不言而喻的，唯有身体健康，老年人的生活才有质量可言。最后需要说明的是，老年人所谓的金钱对幸福生活有重要影响并不代表他们认为“有钱就有幸福”“有钱才能幸福”，他们更多的是指金钱对维持基本生活十分重要。

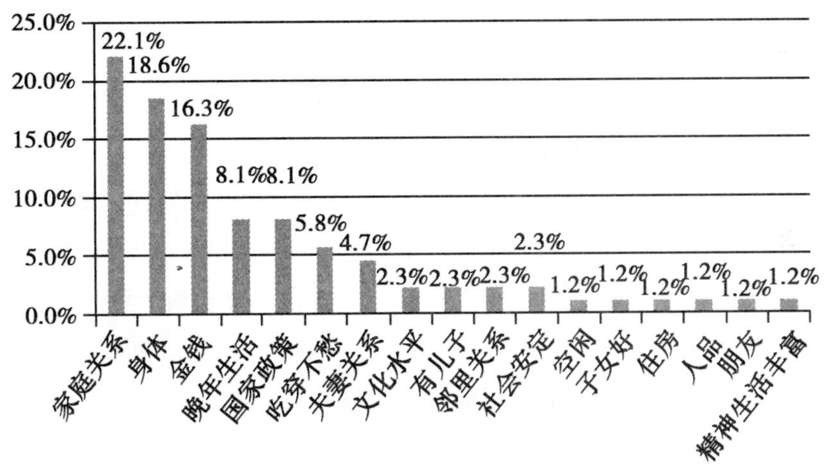

图 6　老年人价值观

当问及老人一生中最自豪、最遗憾以及目前的烦恼和未来的愿望时，老人们的回答多围绕着家庭关系（包括夫妻、子女）。问卷以开放性问题询问：“到目前为止，你觉得让你最自豪的事是什么?”有 6 位老人表示自己没有什么值得自豪的事情，其余 33 位老人做出了相应回答。老人们感到自豪的事情也有较大的相似性，大体可以归纳为以下几类：第一类是生活条件改善，吃穿不愁，这类回答占有效回答的 1/3；第二类是家庭关系类，包括家庭和睦、儿女成才、子孙满堂，这类回答约占有效回答的 1/5；第三类是身体健康，有 15. 2% 的老人认为自己现在身体依然康健是值得自豪的事；第四类是个人成就类，15. 2% 的老人感到以自己为党、为身边人做出的贡献换来了社会的认可、他人的尊重，以自己的辛勤劳动、聪明才智换来了如今优越的生活条件，因而感到成就和自豪；第五类回答则是将个人的命运与国家的成就紧密联系在一起，他们为祖国富强感到自豪，为自己能生活在这样的时代而骄傲，持该想法的老人也占到总人数的近1/10。

至于一生中最遗憾的事情，受访的39人中有16人觉得人生中没有遗憾，其余23人的回答可以归纳出，老年人遗憾的事情主要有以下三类：第一类，婚姻不完满的遗憾，包括丧偶、离异以及一生未婚，这类遗憾占到老人所列答案的近1/3；第二类，文化水平方面，受到经济困难的限制、“文化大革命”的影响，这代人在年轻时受教育机会较少，文化程度不高成为近三成老人心中的憾事；第三类是工作方面的遗憾，比如没能当上干部以施展自己的抱负、没能吃上“皇粮”、没有评上高级职称等，这类老人占21.7%。

当问及老人们现在最大的心愿是什么，在老人们列举的心愿中，30.6%的答案是希望自己身体健康，22.2%回答希望未来生活能越来越好，同时22.2%的答案是关于期望子孙能有出息，此外还有希望国家政策更好（16.7%）、晚年生活有着落（2.8%）等。而目前，绝大多数老人都没有什么烦心事，只有约1/3的老人为身体、子女、经济来源等问题有不同程度的烦恼。

（三）“要和自己比”是老年农民的幸福哲学

根据Festinger（1954）的定义，人们在现实生活中，将自己的能力、感觉、境况、观点等与别人进行比较的过程称为社会比较。社会比较与一些心理特征变量（如控制感和自尊等）的交互作用会对主观幸福感产生影响（Wood，1989）。Gibbons和Buunk（1999）提出了社会比较倾向（social comparison orientation）的概念来描述个体致力于社会比较行为的人格倾向。社会比较倾向比较强的人，感到不如别人时容易产生消极情绪，感到比别人强时又容易自高自大，影响主观幸福感。

社会比较分为上行比较、平行比较和下行比较，不同类型的比较对个体的幸福感体验影响不同，老年群体所进行的社会比较表现出明显的平行比较的心理特征。问卷中设计了社会比较相关问题，包括："与你村里人/子女/亲朋好友/城里人比，你觉得你过得如何?"每个问题之后都请老人们分别陈述了选择某一选项的原因。从生活满意度与社会比较交叉分析的结果看（见表4），近八成的老人（79.5%）认为自己过得与同村人差不多甚至更优越些。虽然本村也有资产过百万元甚至上亿元的大老板，但显然老人们并未将其列为比较的对象。"与亲友比"的结果和"与村里人比"的结果较为相似，这是由于农村社会本身就是以血缘为纽带，农民的"亲友"也多生活在本村。与子女比较的结果显示，老年人也意识到自己与子女生活的差距，但他们并不计较或者说可以接受这种差距，甚至甘之如饴。同时，长期以来的城乡二元社会结构已经在这代人心中形成了不可逾越的城乡间的鸿沟，城里人显然也并未被作为老年人生活参照的对象。因此，虽然当与城里人比较时，近六成老人（59.0%）明显地感到自己跟城里人比生活差距较大，但很多老人们没有产生相对剥夺感，这种差距也未影响到其主观幸福的感受。

表4　　　　生活满意度与社会比较交叉分析

	与村里人比									
	好很多		好一些		差不多		差一些		差很多	
	频率	百分比	频率	百分比	频率	百分比	频率	百分比	频率	百分比
非常满意	0	0.0%	10	62.5%	4	25.0%	1	6.3%	1	6.2%
比较满意	0	0.0%	3	20.0%	8	53.3%	3	20.0%	1	6.7%
一般	0	0.0%	1	12.5%	5	62.5%	2	25.0%	0	0.0%
合计	0	0.0%	14	35.9%	17	43.6%	6	15.4%	2	5.1%

续表

与子女比										
	好很多		好一些		差不多		差一些		差很多	
	频率	百分比	频率	百分比	频率	百分比	频率	百分比	频率	百分比
非常满意	0	0.0%	3	21.4%	6	42.9%	4	28.6%	1	7.1%
比较满意	0	0.0%	2	16.7%	4	33.0%	3	25.0%	3	25.0%
一般	0	0.0%	1	16.7%	3	50.0%	4	28.6%	0	0.0%
合计	0	0.0%	6	15.4%	13	33.3%	11	28.2%	4	10.3%
与亲友比										
	好很多		好一些		差不多		差一些		差很多	
	频率	百分比	频率	百分比	频率	百分比	频率	百分比	频率	百分比
非常满意	0	0.0%	6	37.5%	7	43.8%	1	6.3%	2	12.5%
比较满意	0	0.0%	3	20.0%	7	46.7%	4	26.7%	1	6.7%
一般	0	0.0%	0	0.0%	5	62.5%	1	12.5%	2	25.0%
合计	0	0.0%	9	23.1%	19	48.7%	6	15.4%	5	12.8%
与城里人比										
	好很多		好一些		差不多		差一些		差很多	
	频率	百分比	频率	百分比	频率	百分比	频率	百分比	频率	百分比
非常满意	0	0.0%	3	18.8%	7	43.8%	1	6.3%	5	31.3%
比较满意	0	0.0%	2	13.3%	2	13.3%	3	20.0%	8	53.0%
一般	0	0.0%	1	12.5%	1	12.5%	1	12.5%	5	62.5%
合计	0	0.0%	6	15.4%	10	25.6%	5	12.8%	18	46.2%

注：由于对生活“比较不满意”和“非常不满意”的人数为0，故在本表中略去该分类。

事实上，从坡岭老人社会比较的调查结果看，老年人是社会比较倾向较弱的一群人。进一步对受访老人的生活满意度及其社会比较认知之间的相关性进行分析。将受访者的生活满意度进行五等分，1、2、3、4、5 分别代表“非常不满意”“比较不满意”“一般”“比较满意”和“非常满意”。在受访者的社会比较评价中，则以数字 1、2、3、4、5 分别代表与对照组比，受访者认为自己的生活过得“好很多”“好一些”“差不多”“差一些”“差很多”。皮尔逊检验结果表明，在 0.05 的显著性水平上，坡岭老人对生活满意度的评价与任何一类社会比较的结果均相关性都不大（见表 5）。对比各社会比较人群的系数，村里人的相关系数较其他群体略大，显著性也略大，说明相较于其他群体，与同村人的比较对老年人生活满意度略有影响。60% 的老年人在与同村人比较时感到“比上不足比下有余”，因而很知足。而当我们问到为何受访者认为自己比对照组过得好或差时，受访者的回答可以进一步证实，老年人幸福的哲学就在于“要和自己比”，硬要与他人比是“不讲道理”。即使当我们引导受访老人将自己的生活与其他人进行比较时，老人们也将生活简单化为吃穿方面的比较，比如不少受访老人认为“大家都有吃的”“吃的都一样，顶多他们穿得好点”，因而感到彼此的生活没有太大差别，甚至有些老人认为城里人生活不如自己的原因是“城里人得拿钱买米买面”，这也再一次佐证前文的分析，老年人对生活的定义十分简单，有吃有穿就是幸福生活。

表 5　　　　满意度与社会比较相关性检验

		村里人	子女	亲友	城里人
满意度	皮尔逊相关性	-0.289	-0.034	-0.271	-0.27
	显著性（双侧）	0.074	0.854	0.096	0.096
	样本量（个）	39	32	39	39

（四）近年来生活条件的大幅改善增强了老人对美好生活的预期

进入 21 世纪以来，我国农村公共事业发展的政策取向发生了重大的调整和转变，国家财政“三农”投入力度不断加大。而最近3—5年，各项支农惠农政策特别是与老年人利益密切相关的农村政策密集出台，极大地改善了农村老人的福利状况。调查中，56.4%的受访老人感到现在的生活与3—5年前比“好多了”，25.6%的老人感到生活比3—5年前“好一些”，15.4%的老人感到生活没变化，仅有1人（2.6%）感到生活不如3—5年前。在生活满意度评价中，以较小的数值表示对生活较低的满意度，而以较大的数值表示较高的满意度；在与过去比较评价中，以较小的数值表示与过去比现在生活有较好变化，而以较大的数值表示不良的变化，以较大的数值。皮尔逊相关性检验表明，两者之间存在显著的正相关关系，即当受访者认为现在的生活比3—5年前过得好了，则其幸福感和对生活的满意度也将相应提高（见表6）。

表6　生活满意度、对生活改善的评价、对未来的预期相关性检验

	生活满意度	与过去3—5年前比	未来预期
生活满意度	1		
与过去3—5年前比	-0.354（0.027）*	1	
未来预期	-0.299（0.065）	0.635（0.000）**	1

注：*，**分别表示在10%和5%水平上显著。

同时，近年来农民生活的明显改善也增强了老人们对未来生活的良性预期。皮尔逊相关性检验的结果表明，对生活改善的评价这一问题，近70%的老人认为3—5年后生活将比现在更好，5.1%的老人认为生活将没有太大变化，仅有一人对未来预期较悲观，也有23.1%的老人认为未来有较大的不确定性。从表6所示的相关性检验结果看，虽然对未来生活的预期与老人的生活满意度评价之间的相关关系在统计上不显著，但仍能观测到二者之间的正向相关关系。在与坡岭的老人们交流的过程中，老人们不断夸赞党的领导、夸赞社会主义制度的优越，对近年来党的政策更是赞不绝口，同时他们希望也相信在党的领导下，未来生活将越来越好。

四　结论

以坡岭村 39 名普通老人为代表，我们深入观测了坡岭老人的主观幸福状况。调查发现，坡岭老人有着较高的幸福感体验，对现有生活十分满意。但值得注意的是，老年群体对生活幸福赋予的定义是简单的、低标准的，可以说在几乎仅指温饱问题的解决。在主观幸福感形成的过程中，坡岭老人表现出极低的社会比较倾向：他们获得的信息较为有限，参照的对象较为狭窄，甚至奉守不与他人比较的信条。而在老年人自我比较的过程中，他们感到自己的生活质量在近几年内有了较大改善，也预期在未来这种改善还将继续，生活在美好预期中的老年人因此感到无比幸福。

然而，老年群体实际客观福利状况与主观幸福感受之间存在较大差距。虽然近年来，瞄准农村老人的惠农政策显著改善了老年农民的福利状况，但从总体上看，老年群体的生活水平仍明显低于村内平均水平，与城镇居民差距则更为巨大。

在客观福利状况相对较差的情况下，坡岭老人高度的幸福感和满足感的形成与其成长背景和生活环境造就的特有的价值观紧密相连。John Knight 等（2007）综合过往研究后认为，幸福感一部分取决于基本生理需求的满足，另一部分则取决于由其所在社会决定的各种社会性需求的满足。然而，从坡岭村的调查来看，老年农民的幸福感在很大程度上仅取决于其基本生理需求的满足，而很少表现出与其他社会性需求的相关性。

第四章

农村老年人口的收入与消费

老年人口生活质量与其经济状况密切相关。老年风险很大程度上是由于进入老年阶段收入流下降而支出增加造成的。本章将分析老人的收入、消费情况，重点考察作为独立个体的老年人所拥有的养老保障资源和其面临的养老风险。在受访的39位老人中，有11位党政机关、事业单位、企业的退休职工，28位一般意义上的老年农民或传统老年农民。为了更准确地反映不同类型老人的生活质量，后文分析中会适当将二者加以区分。

一 老年人口收入的特征

收入是影响老年消费及其生活质量的基础性因素。根据对调查问卷的分析，坡岭村老年农民的收入状况具有如下主要特征。

（一）收入水平与当地农民人均纯收入大体相当

受访老人年平均总收入12867.0元，其收入主要由劳动收入、转移性收入两大部分构成。其中，平均劳动收入5119.0元，占其总收入的39.8%；平均转移性收入7748.0元，占其总收入的60.2%。

（二）不同职业背景老年人的收入水平及结构差异显著

以39名受访者为代表的坡岭老人目前的生活总体上都处于低收入、低消费的状况。但是受访老人收入水平分化较明显，最明显的差异就体现在生活在农村的退休职工与传统老年农民之间的收入状况差异。按职业类型划分的受访老人收入的单因素ANOVA检验显示（见表1），退休职工与传统老年农民总收入、社会保障转移收入均值差异显著，劳动收入、子女转移支付收入均值差异都不显著。据统计，退休职工人均年收入24312.8元，传统老年农民人均年收入仅为8334.8元，前者是后者的3倍；退休职工人均社会保障收入14890.9元，传统老年农民此项收入为1251.8元，两者相差12倍。并且前文分析也表明，两类老人生活主要经济来源也明显不同，退休职工总收入的61%都来自其退休金，而传统老年农民总收入的52.4%都来自其个人劳动。

表1　不同职业类型受访者收入、消费水平单因素ANOVA检验

	平方和	df	均方	F	显著性
总收入	1.83E+09	1	1.83E+09	26.17945	0.00
劳动收入	81636269	1	81636269	1.535676	0.22
子女转移支付	6091515	1	6091515	0.817018	0.37
社会保障收入	1.47E+09	1	1.47E+09	39.89005	0.00
总消费	6512223	1	6512223	0.232248	0.63
食品消费	5721.287	1	5721.287	0.000754	0.98

（三）劳动收入是传统老年农民最主要的经济来源

与中国绝大多数农村地区的现状相似，坡岭村老人的劳动参与率很高，74.4%的受访老人（29人）仍然参加劳动。仍参加劳动者全年平均劳动天数为190天，平均劳动收入6884.1元/年。从就业方式上看，老年人就业以自营为主，但也有35.9%的老人以长期雇工或打零工的方式受雇于他人。从就业领域上看，老年人主要从事农业生产活动，62.1%的老人从事纯农业劳动，而兼业和从事非农行业的老年人分别占17.3%、20.7%。

劳动收入是坡岭老人重要的经济来源，特别是对于那些传统老年农民来说，劳动收入仍是其最主要的经济来源。28位传统老年农民年平均总收入为8334.8元，其中平均劳动收入4368.1元，占总收入的52.4%。

只要身体允许，老年人大都会继续劳动。调查显示，87.1%的有劳动能力的老人都未退出劳动领域。仍参加劳动的受访者中，年龄最长者已有82岁。

与退休职工相比，传统老年农民的劳动参与率更高。在31位有劳动能力的老人中，能领取退休金的11位退休职工劳动参与率为72.7%，而没有退休金的传统农村老人，其劳动参与率则高达95.0%。

专栏一　农民何时能退休？

受访者：郑先生　男　67岁

67岁的郑先生是坡岭村的普通农民，与老伴儿以及儿子一家在坡岭村过着平淡的日子。郑先生夫妇一生勤劳，即使已经60多岁也没有要停下来休息的意思。郑妻钱女士一直在村制绳厂工作，每年工资收入约1万元。老两口现在种着7.5亩地，不仅有分给郑先生两口连同儿子一家的6亩承包地，还有转包本村农民的1.6亩地。7亩半地上的作物品种十分丰富，包括小麦、水稻、玉米、油菜、花生等，完全满足了郑先生一大家人的粮食、油料和饲养牲口的需求，还能有5000元/年左右的粮食销售收入。除了种地，郑先生还喂了3头牛、9只羊以及80只鸽子，一年收入也有2万元左右。照顾这些田地和牲畜使得郑老汉一年365天每天都有忙不完的活儿。

郑先生夫妇育有一儿一女，老两口现在和儿子一家共同吃住，但经济上彼此分开。儿子常年在上海打工，只有过年时能回家住上一个月；儿媳妇在镇上的一家工厂上班，每天早出晚归。如此一来，买菜、做饭以及接送孙子上学的重任就落在了郑老汉的肩上。

虽然辛勤的劳动能够确保郑先生两口基本生活无虞，一大家人生活也和和美美，但在访谈中，郑先生也忍不住流露对生活辛劳的感慨。事实上，郑先生本身有较严重的低血糖和贫血，几乎每天都不能间断用药，这也是为什么他不能像老伴儿一样到工厂打工的原因。繁重的劳动给郑先生的身心造成了很大的压力，现在他最心烦的事就是“年纪这么大了还要劳动”，“倒不是我不愿意劳动，只是现在经常觉得身体疲劳”。

郑先生的生活现状正是千千万万的中国普通农民晚年生活的写照，对于他们，从来都没有“退休”一说。农民之所以不到实在无法劳动了，都不会停止劳作，说到底还是老无所养。尽管新农保养老金的发放在一定程度上缓解了老年农民的经济压力，但每年不足千元的保障水平确实无法充分满足老人们的养老需求，特别是当他们面临一些突发性或长期慢性疾病的困扰时。当整个社会都在为法定退休年龄是否应该延迟争执不休时，我们不禁要问，广大农民何时也能“退休”呢？（李越，2012 年的调查）

（四）社会保障类转移性收入的保障功能日渐凸显

转移性收入也是农民晚年收入的重要构成，2012 年，受访老人平均获得转移性收入 7748.0 元。现阶段，坡岭老人转移性收入主要来自社会保障收入、子女及亲友馈赠、农业补贴三方面。

从总体上看，社会保障类转移性收入的保障功能日渐凸显。社会保障类转移收入主要有新农保养老金、低保收入、五保收入、计划生育养老金以及退休职工所领取的退休金。首先，新农保养老覆盖率较高，并且保障水平相对较高。在符合条件的受访老人中，85.2%的老人已领取到新农保养老金，年均领取新农保养老金843.4元（约70元/月）。而受访老人中领取的养老金最高已达到180元/月，养老金对老年人生活的保障效果较明显。其次，退休职工几乎可以完全依靠退休金生活。11位退休职工平均每人每月可领取退休金1235.4元，仅退休金一项就占其总收入的61.%。最后，低保收入对困难老人的生活起到了兜底作用。受访者中，共有6人享受农村最低生活保障，平均领取低保补贴1671.3元。这6位老人，或是因无子女亲人依靠，或是因家中变故，生活都较为艰难。据统计，如无低保补贴，6位老人的人均年收入仅为2416元，远低于坡岭村平均水平，而低保收入有效缓解了其生存压力。

（五）子女的养老经济保障功能趋于弱化

"养儿防老"一直是农村地区重要的养老保障方式之一，子女的养老功能主要体现在对老人的经济供养、生活照料和精神慰藉三方面。作为子女，在经济上供养老人不仅是出于传统道德约束，更是法律规定的基本赡养义务。然而，调查结果显示，子女的养老经济保障功能正不断弱化。首先，老人所能获得的来自子女的转移支付数额较低，仅为1931.6元/年，占其总收入的13.1%。其次，相当比例的老人实际并未获得子女的经济供养。在有子女的30位受访老人中，36.6%的老人没有得到子女的任何经济支持。而在老人所获得的有限的子女转移性收入中，很大一部分是实物折价，并非真正的经济供养。最后，子女与老人之间并未形成稳定的、有约束力的赡养契约，子女对老人的经济上的补贴通常不固定，甚至只是逢年过节时才给予父母一点现金或礼品。

（六）财产性收入近乎为零

从调查结果看，坡岭村老人几乎没有任何财产性收入，只有少量的利息收入。这是由于坡岭老人拥有的财产类型及数量都较为有限，其衍生的财产性收入也较少。坡岭老人财产状况调查显示，56.4%的老年人名下有积蓄，平均储蓄金额4.24万元，相应的利息收入约为148.4元；虽然90%老人名下都有承包地，但并未发生与之相关的土地出租收入。这是因为一方面多数老人自己耕种自家承包地，并没有将土地转租给他人；另一方面由于本地土地比较收益较低，即使个别老人将承包地转租，也并未收入任何租金费用；个别老人名下有住宅和宅基地，但提供给他人租住，也没有产生相应的租金收入。

专栏二　老年人的自我保障和子女保障

受访者：刘先生　男　72岁

72岁的刘先生身形瘦小、满脸质朴，初见时他的裤管上还沾着星点的泥巴，一副典型的淳朴农民的形象。刘先生是村卫生室返聘的退休医生，虽然已是72岁的高龄，但他仍要每天按点上班。刘先生每月有500元的退休金，返聘回卫生室后每月又能得到800元工资。刘先生和老伴还经营着4亩田地，每年也能有13000元收入。此外，2009年老伴儿缴纳8250元参加了姜堰市当时的新农保，现在能领到150元/月（1800元/年）的养老金，再加上两个子女每人孝敬给老人的约1000元/年现金或实物，一年3万多元的收入倒是比村里一般的老年人收入略高，生活本应该比较轻松。但是，除了自己的生活需求外，老两口还要抚养孙子。他的孙子今年19岁，高中在读，其父亲即刘先生的二儿子在十几年前就不幸去世，其母亲也已改嫁，因而孙子一直由刘先生抚养。对于孙子，刘先生不仅要供其吃穿，还要支付他的学习费用，一年开支在15000元左右。

除了已故去的二儿子，刘先生还有一儿一女。他的女儿早已经外嫁到姜堰市，他的大儿子和儿媳妇在村里经营着一间年产值过百万的工厂。儿媳还担任坡岭村的干部。据刘先生说，当年分家时，老宅院的房屋被一分为二，一半给大儿子，另一半给二儿子，现在，刘先生两口住在原本留给二儿子的房子里，与大儿子比邻而居。虽然大儿子一家在村中属于绝对的高收入群体，又有较高的政治地位，但刘先生两口却没有分享到子女经济地位、政治地位带来的福利——儿子每年孝敬老两口的依然是有限的1000元钱，彩电、冰箱、洗衣机等家电也都是老两口用自己的积蓄购置。两代人共同生活的院子并没有用围墙隔开，但他们的生活却显得泾渭分明，好似被无形的墙隔开了。儿子家门庭若市，工厂的隆隆机器声不绝于耳，黑色的小汽车停在院门口；刘先生家则门庭冷落，门口摆着农具，屋里堆着粮食。在儿子家热闹红火的场景的衬托下，刘先生两口仿佛是被遗忘在生活的角落里。

刘先生的案例表明，子女生活水平的提高并不必然带来老年人生活水平的相应提高。这一方面是由于老年人不愿给子女增加负担，另一方面也可能是由于子女孝道观念的淡化。有的农民说，即使是作为村干部的儿媳妇也没有在孝顺公婆方面做出表率，相比于关心老年人，她似乎更关心个人事业的发展（李越，2012年的调查）。

二　老年人口生活消费的特征

生活消费的水平与结构是衡量农村老年人口生活质量的直接指标。按照实际支出去向，我们把生活消费支出分为食品消费、衣着消费、交通和通信消费、医疗保健消费、文化、教育、娱乐消费、人情往来消费、家庭设备用品消费、服务消费、社会保障消费、给子女转移支付和其他消费共11项内容。根据对调查问卷的分析，坡岭村老年农民的生活消费状况具有如下主要特征。

（一）生活消费支出水平与当地的平均水平大体相当

受访老人年人均生活消费支出 8155.2 元，与 2011 年江苏省农村居民人均生活消费支出（7693 元）基本持平。从结构上看，50% 的老年人生活消费支出高于全省平均水平。各种类型老年农民的生活消费水平存在着趋同现象。例如，一般老年农民和退休职工的生活消费没有太大差别，都是 8000 多元。受访老人生活消费结构如图 1 所示。

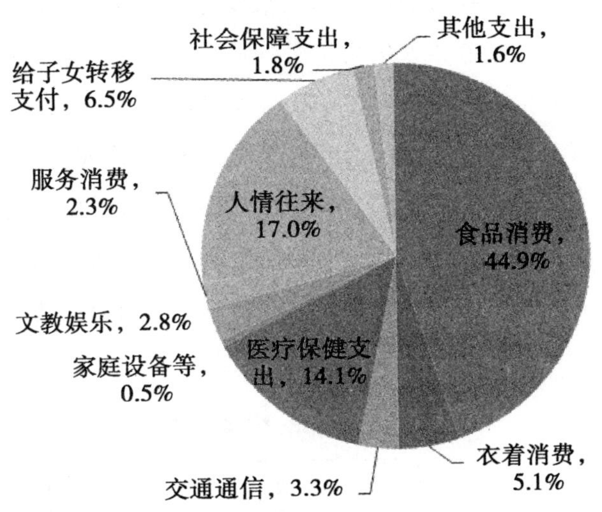

图 1　受访老人生活消费结构

（二）生存型消费明显

受访老人食品消费水平较低，但占比偏高，呈现出明显的生存型消费特征。调查数据显示，受访老人人均食品消费 3078.7 元，如果一年按 365 天计，老年人人均食品消费仅为 8.4 元/天。尽管这样的食品消费水平并不算高，但食品消费占到老年人口生活消费总额的 44.9%。这说明老年人每顿所食也只是粗茶淡饭，食品支出水平也仅处于维持最基本生活的状态。调查中也发现，老年人食品消费以谷物、蔬菜为主，肉类及其制成品的消费数量和频率则较低，一些生活困难的老人更是“舍不得割肉”。并且，对比农村退休职工和普通农民的食品支出发现，尽管退休职工收入均值是普通农民的3倍，但二者在食品消费上的差异并不明显，3116.7元/年和3081.1元/年。食品消费与收入水平相关性不大，一方面是由于老年人现有食品消费水平已经基本是必需消费的最低水平；另一方面也是农村现有的消费环境所造成的，访问中就有老人表示，“农村消费环境不如城市，比如我想吃个豆腐，就得等小贩来卖，不像城里到处都有超市”。

受访老人食品消费的恩格尔系数均值为0.4，如果以国际通行的恩格尔系数判断老年人生活状况，则受访老人生活水平已达到小康水平①。61.5%的受访者恩格尔系数在0.4以下，属于较富裕阶段，但也有20.6%的老年人食品消费的恩格尔系数超过0.6，处于贫困阶段（见表2）。当然，结合前文分析可以看出，仅以老年人食品消费恩格尔系数机械判别老年人生活水平的方法过于武断，即使受访老人已基本达到小康生活标准，也只能将其称为粗茶淡饭的小康生活。

表2　　　　受访老人恩格尔系数分组

恩格尔系数分组	人数	比例
0.8以上	4	10.3%
0.6—0.8	4	10.3%
0.4—0.6	7	17.9%
0.4以下	24	61.5%
合计	39	100.0%

① 根据国际通行判别标准，恩格尔系数0.6以上为贫困，0.5—0.6为温饱，0.4—0.5为小康，0.4以下为富裕。

（三）享受和发展型消费的比重低

享受和发展型消费的比重较低是老年人消费结构区别于年轻人消费结构的重要特征。受访老人生活消费中的近六成都集中在满足最基本生活需求的食品和对老年人来说极为必要的医疗消费上，且这两项支出的发生概率都在70%以上。而衣着消费、服务消费、交通通信消费、文化娱乐消费等多项享受和发展型消费在老年人消费结构中所占比重较低，仅为14%（见表3）。以衣着消费为例，老年人添置的衣服价值通常不高，甚至有近30%的老年人一年也不会买一件衣服（或是由女儿给买衣服）。

表3　　　　受访老人消费结构及发生率

	均值		发生率	
	数额（元）	占总消费比重	频率	概率
食品消费	3078.7	44.9%	39	100.0%
衣着消费	439.5	5.1%	28	71.8%
医疗保健支出	1128.947	14.1%	29	74.4%
交通通信	246.3158	3.3%	29	74.4%
人情往来	1321.053	17.0%	30	76.9%
家庭设备等	76.57895	0.5%	4	10.3%
文教娱乐	417.3684	2.8%	6	15.4%
服务消费	151.0526	2.3%	31	79.5%
给子女（孙子女）	730.2632	6.5%	20	51.3%
社会保障支出	131.3158	1.8%	26	66.7%
其他支出	219.4737	1.6%	5	12.8%
合计	7940.526	—	39	—

（四）人情往来消费成为老年农民的沉重负担

中国历来是一个讲人情、重往来的社会，在农村这样一个以血缘为纽带的熟人社会，人情往来显得尤为重要。在老年人收入较为有限的情况下，年均 1300 余元的人情往来消费成为老年农民的沉重负担，占老年人总消费的平均值为 17.0%，甚至超过了医疗保健消费所占的比重（14.1%）。

与食品、衣着、医疗等消费不同，人情往来消费本身承担了更多的社会性功能——它既是维持人际关系网络的需要，又体现了村民之间经济上的互助。对于老年人来说，这种人际关系网络同样也是一张安全网，它增强了老年人抵抗未知风险的能力。费孝通（2001）指出，从经济的观点看，这种开支是一个家庭不可缺少的负担……当一种程序被普遍接受之后，人们就不得不付出这笔开销，否则他就不能通过人生的这些关口。因此，人情往来消费具有一定程度的刚性，并不完全由老年人的收入水平决定。年收入万元以下的受访老人人情往来消费均值 1145.5 元/年；年收入万元以上的受访老人人情往来消费均值 1505.9 元/年，并无显著差别，而两组老人的人均年收入则相差 4 倍有余。

（五）医疗消费的比重较大，但老年农民的医疗服务利用与实际需求之间的差距仍然较大

随着身体机能的退化，许多老年人一方面要经受着病痛的折磨，另一方面却面临着沉重的医药负担。从调查结果看，受访老人平均医疗保健支出 1128.9 元，占其总消费的 14.1%，占其总收入的 8.3%。随着年龄的增长，老年人医疗支出金额及在消费中所占的比重都显著增加：低龄老人（70 岁以下）人均医疗保健支出 949.1 元，占其总消费的 13.7%；高龄老人（70 岁以上）人均医疗保健支出 8136.3 元，占其总消费的 15.7%。

在过去的五年中，23.1% 的老人（9 人）因病住院治疗，其中 2/3的老人因病情较严重住院时间超过一周。患病老人住院治疗总花费均值 13522.2 元，新农合报销比例达到 37.0%，在一定

程度上减轻了老年人的经济负担，但仍有两位老人因住院而向亲友借款。

比起住院治疗一次性大额医疗支出，老年人的日常医药费用更是一笔不容忽视的开支。近半数的老人均患有高血压、糖尿病、气管炎、心脏病等各类慢性疾病，且病情较为严重，超过四成的受访者表示需要依靠药物的帮助才能进行日常生活。但是，许多慢性病药物并不在新农合报销药物范围之内，只能由老年人自费承担。在受访老人的日常医药支出中，报销比例仅为12.0%。在34位有医疗需求的老人中，还有近1/4的老人不能得到足够的药物和治疗，其很大一部分原因在于老人所需药品在新农合报销范围之外，完全靠自费负担此类日常药物开支已超过了老年人的经济承受能力。

三　坡岭老人生活中存在的主要问题

（一）养老保障资源不足，传统老年农民晚年生活脆弱性较大

自我保障（劳动收入、个人积蓄等）、子女保障（子女转移支付）和社会保障（退休金、养老金等）是老年人应对晚年收入风险的三大养老保障资源。如表4所示，个人劳动是53.8%的受访老人生活经济来源的主要构成部分，且28.2%的受访者主要依靠个人劳动获取收入；48.7%的受访老人可以将养老金作为主要生活来源之一，12.8%的受访者基本只依靠养老金保障其老年经济需求；子女转移支付能成为老年人主要生活来源之一的仅占受访者的17.9%，而只有5.1%的老人可以完全依靠子女经济供养生活。同时，在受访者列举的其他养老经济来源主要是指老伴的劳动收入或养老金。上述数据表明，总体上看，以个人劳动为主要内容的自我保障仍然是老年人最重要的养老依靠，社会保障是老年人自我保障能力的重要补充，而子女养老的经济保障作用则较为有限。

表 4　　受访者生活经济来源

	仅有此项		包含此项	
	人数	占比	人数	占比
子女	2	5.1%	7	17.9%
个人积蓄	1	2.6%	4	10.3%
养老金	5	12.8%	19	48.7%
个人劳动	11	28.2%	21	53.8%
其他	4	10.3%	6	15.4%

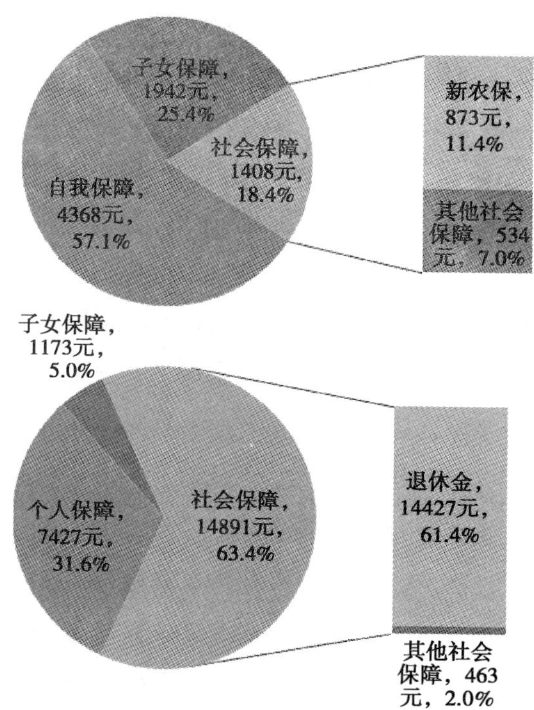

图 2　传统老年农民与退休职工养老保障资源对比

传统农村老人与生活在农村的退休职工的养老模式存在显著差异。退休职工养老经济来源以退休金为主要，个人劳动作为补充，对子女经济供养的依赖度较低；传统农村老人所拥有的养老保障资源则较为匮乏，生活来源高度依靠个人劳动，当个人劳动能力衰退时则需要依赖子女的供养，而其拥有的社会保障养老资源保障水平相对较低。

传统老年农民的这种以自我保障为主的养老保障模式是一种极为脆弱的保障模式，它并不能从真正意义上起到防范老年风险的作用。首先，随着年龄的增长，老年人的自我保障能力将不断下降。一方面，个人劳动收入需要以较好的身体素质为保障，随着年龄增长老年人的身体状况将不允许其继续参加劳动，个人劳动收入必然处于下降趋势并随时都有中断的风险；另一方面，农村老人的个人积蓄存量本就有限，并且在进入老年阶段，个人积蓄更难有所增长，而随着物价水平的提高，个人积蓄的实际保障功能也会受到影响。其次，随着社会经济的发展，子女保障能力也逐渐降低。由于养儿在前，养老在后，所以养儿防老的家庭保障模式从来就存在道德风险，而随着社会经济的发展，子女养老的激励和约束机制有弱化的趋势。并且，子女本身也面临着较重的生活压力，其赡养老人的能力也逐渐受到考验。

前文数据分析表明，传统老年农民所拥有的各种养老资源，其单独的养老功能都有一定的局限性，建立多种保障资源相互补充的多支柱养老保障模式是极为必要的，但各种养老保障支柱之间也应分工明确，有主有辅。在传统的家庭保障能力不断弱化的背景下，社会保障应在农民的养老保障中承担起更多的责任。无论是从增强新农保基础养老金的适应性的角度，还是从缩小与城镇职工养老金水平的差距的角度，都应该适当提高新农保基础养老金的保障水平。虽然国家新农保政策的制度目标是“保基本、广覆盖”，但国务院新农保试点指导意见同时指出，“地方政府可以根据实际情况提高基础养老金标准”，因而对于经济发展水平较高的江苏省，可以对本地区农民的养老问题给予更大的支持。

（二）物质生活水平与其子女有较大差距，生活质量有待提高

家庭耐用品消费主要指电视机、空调、电冰箱、自行车、摩托

车等物品的消费，它是居民实物性消费的重要组成部分。家庭耐用品的消费水平以及现代化生活设施使用率是评价居民物质生活水平的重要标志。调查结果显示，受访老人家庭耐用品的持有量、消费水平均处于较低水平，受访者家庭耐用品人均消费水平仅为76.7元，且九成老人所在家庭并没有发生此项开支。

饮水、生活能源、厕所条件等与居民生活密切相关的现代化配套设施的使用率较低。这从客观上反映了受访老人生活质量不高的现状。15.8%的受访老人因经济困难而没能用上入户自来水，其饮水安全难有保障，甚至有5.4%的受访老人至今还存在饮水困难。从生活能源使用的情况看，属于非清洁能源的柴草由于使用成本较低受到老年人的青睐，60%的受访老人仍以柴草为主要炊事能源，而烧煤气、天然气及电的老人仅占40%。在家庭调温设施的使用上，8.6%的受访老人家中没有任何取暖设施，16.7%的家庭使用空调或其他电加热设备取暖，随着农村卫生条件的改善，老人们家中的厕所已经逐步由室外的旱厕转变为室内的水冲式厕所，但也仍有27.8%的老人使用院外的旱厕。

（三）晚年生活质量与老年人健康状况密切相关

身体健康是许多受访老人最大的心愿，农村老人晚年生活的质量与其健康状况密切相关。将受访老人按健康状况不同划分为健康、患病有劳动能力和患病无劳动能力[①]三组，通过对比可以发现，健康状况对老年人的收入、消费状况进而生活质量有显著影响（见表5）。

从收入状况看，健康状况的变化直接影响到受访老人劳动能力，其劳动收入以及劳动收入在总收入中所占的比重首当其冲地出现显著的、阶梯性下降。身体健康群体的收入总额与患病群体有显

① 患病无劳动能力确切是指因病基本完全丧失了劳动能力，但个别老人仍可进行少量简单、辅助性的劳动，因而其劳动收入不完全为0。

著差异，前者人均收入是后者的2倍；患病有劳动能力、无劳动能力群体收入总额基本相近，都保持在与其总支出基本持平的水平，即保持在满足基本生活需求的水平，但两者的收入构成有天壤之别：健康及患病有劳动能力的群体依靠自身劳动可以维持患病无劳动能力群体极度需要个人劳动以外的转移性收入维持其基本生活。

表5　　健康状况与老年人收入、消费状况

	收入（元）			消费（元）				
	总收入	劳动收入		总支出	食品消费		医疗保健消费	
		金额	占比		金额	占比	金额	占比
健康	17456.3	8400.0	48.1%	8431.1	3982.2	47.2%	272.2	3.2%
患病有劳动能力	8948.2	3533.8	39.5%	7858.1	2465.4	31.4%	1113.8	14.2%
患病无劳动能力	8909.0	312.5	3.5%	7995.0	2107.5	26.4%	2950.0	36.9%

从消费状况看，不同健康状况老人总体消费水平趋同，基本保持在8000元左右，但消费结构差异明显。分析其消费结构中最基本、最重要的两项消费——食品消费和医疗保健消费发现，健康状况的变化首先反映在医疗保健消费的变化上。随着受访老人健康状况的恶化，其医疗保健消费的规模和所占比重则急剧上升：患病无劳动能力群体的医疗保健消费分别是患病有劳动能力群体、健康群体的2.6倍、11倍。而随着医疗保健消费的增长，食品消费遭到挤压，其绝对额和在总消费中所占相对份额均有所缩减，最终基本稳定在维持生活必需的2000元左右。

专栏三列举了不同健康状况的两个老年人在收入获取能力、消费支出结构、社会交往模式等方面的差异。这种差异充分说明身体状况对老年人生活质量有重要影响。

健康是老年人生活质量的核心和基础。受收入水平、文化水平和生活习惯等因素的影响，农村老人健康保健意识较薄弱，形成了重治疗轻预防的医疗保健消费模式。而当面临疾病威胁时，农村医疗保障制度不完善不仅导致了老年人背上了沉重的医药负担，还直接影响了其对医疗服务的充分利用。为此，首先应加强健康知识教育。针对老年人出现的一系列慢性退行性衰老变化，开展健康教育，向老年人普及身心健康知识，使老年人掌握常见多发病的发生规律、预防方法、康复之道，做到无病早防、有病早治，提倡老年人自觉开展保健活动，定期进行健康检查，增强自我保健意识；其次，健全与老年人实际医疗需求相匹配的医疗保障体系，比如适当提高老年人新农合医疗费用报销范围和报销比例，为经济困难老人提供医疗救助保障。

专栏三　身体状况差异对老年人生活质量的影响

受访者：林先生　男　75岁；高先生　男　69岁

访问时间：2012年11月12日

高先生、林先生同是坡岭6组的两个光棍汉、村中的低保。两人的住所相隔不远，并且高先生的妹妹嫁给了林先生的弟弟，因而两人的私交也比较密切。由于没有其他亲人，两人都是和自己的弟弟共同生活。虽然表面上看，两人的生活有一定相似性，但事实上，他们的生活模式和生活质量却有较大差异，而造成这种差异的很大一部分原因就在于两人健康状况的不同。

表6　林先生、高先生收入结构对比　单位：元

收入项目		林先生	高先生
劳动收入		0	2000
转移性收入	新农保	840	840
	低保	2100	2120
	农业补贴	100	100
	来自其他亲属的转移收入	500	0
	其他	20	360
合计		3560	5420

表 7　　林先生、高先生消费结构对比

消费项目	林先生			高先生		
	金额（元）	占总消费	占总收入	金额（元）	占总消费	占总收入
食品消费	2000	38.3%	56.2%	2040	51.8%	37.6%
衣着消费	300	5.7%	8.4%	400	10.2%	7.4%
医疗保健消费	2000	38.3%	56.2%	0	0.0%	0.0%
交通通信	50	1.9%	2.8%	250	6.3%	4.6%
人情往来	300	5.7%	8.4%	1000	25.4%	18.5%
水电费	220	4.2%	6.2%	200	5.1%	3.7%
转移性支出	300	5.7%	8.4%	50	1.3%	0.9%
合计	5220	100.0%		3940	100.0%	

林先生今年75岁，长期饱受气管炎、心脏病等疾病的折磨，已经丧失了劳动能力。虽然日常生活还能自理，但林先生的生活已经明显地依附于其弟弟一家。林先生的收入很简单，全部为转移性收入，包括840元/年的新农保养老金（70元/月）、1400元/年的低保收入和其名下1亩多地分得的100元/年的补贴，还有来自侄子的转移性收入约500元/年（现金和实物折价，数额不固定）。全年各项收入加总起来仅为3000元左右。在林先生微薄的收入面前，日常的医药开支就成了一个沉重的负担。从其日常消费情况看（见表7），医疗保健消费占据了其总消费的38.3%，更占据了其总收入的56.2%。在这样的情况下，即使林先生节衣缩食，仍然过着入不敷出的生活，因而不得不依附于其弟弟、弟媳和侄子的供养。

与林先生不同，69岁的高先生身体健康、生活独立。虽然与弟弟生活在同一屋檐下，但两人在经济上、生活上都完全分开。高先生名下有1.2亩承包地，耕种土地每年能带给他约2000元的劳动收入。除此之外就是与林先生类似项目和数额的转移性支付（新农保、低保、农业补贴以及作为统计局记账户

30 元/月的补助)。虽然已年近古稀，高先生的身体却依然硬朗，不仅没有任何老年人常见的慢性病，甚至都很少患上感冒发烧这样的小病，他自己也非常自豪地表示已经很多年没吃过药了。因此，在支配自己的收入时，高先生就有了更大的灵活度。

身体状况的差异对两位老人生活模式的影响还体现在他们不同的社会交往模式中，这种不同可以从两人的消费结构差异得到间接反映。首先，人情往来开支在高先生的消费结构中尚占有较重要地位，而对林先生来说则属于较为次要的开支。这说明在村庄的社会交往、社会生活中，高先生仍然作为一个主体参与其中，而林先生则逐渐从这种社会交往中退出，被其侄子替代（访谈中林先生表示多数时候都是由其侄子随礼，林先生本人及其弟弟不再单独随礼)。其次，给子女（孙子女）的转移性支出（这里指侄子女、侄孙子女）在林先生的消费结构中所占的比重显著高于高先生，说明前者明显比后者更为重视“亲戚”这种强关系的维持。此外，在交通通信开支方面，高先生的开支数倍于林先生，这又从另一个侧面反映出后者社会交往的相对局限性。

身体状况的差异对老年人生活状况的影响体现在日常生活的方方面面，远不止上文列举的收入获取能力、消费支出结构、社会交往模式等。林、高两位老人一天中的活动内容和时间利用也能明显地体现出这种深刻的影响。身体状况较差的林良松一天的活动内容就是简单的吃饭和娱乐——确切地说是没有目的的消磨时间，如晒太阳、散步、看电视、看人打牌等。并且，由于天气转冷容易诱发气管炎，林先生不得不将起床时间延迟到 8 时左右，如此一来，连可供其消磨的娱乐时间也被压缩。反观身体状况较好的高先生，他一天的生活内容就明显丰富得多，不仅有吃饭和娱乐的时间，更有锻炼身体和做家务的时间。

第五章

农村老年人健康状况

身体状况是影响老年人口生活质量的一项重要因素。本章首先描述了坡岭村被调查老年人口的健康状况、该村公共卫生服务现状及问题，其次在此基础上着重分析了老年人口健康状况的影响因素以及健康状况与主观生活质量之间的关系。

一　老年人口的健康状况

根据我国第六次人口普查数据显示，我国 60 岁以上的人口达 1.78 亿，占人口总数的 13.26%，且超过半数的老年人居住在农村。由于经济条件的限制、公共卫生资源的相对匮乏以及农村空巢家庭的不断增多，农村老年人面临着更大的风险。本次调查以坡岭村 60 岁以上的老年人为研究对象，意在了解农村老年人的健康状况，并从个人特征、家庭因素和社会经济三个层面对影响老年人口身心健康的因素进行探究。

（一）对样本描述性分析

本次调查的老年人总计 39 人，样本年龄分布在 61 岁到 82 岁之间，平均年龄为69.7岁。老年人受教育程度集中在小学和初中，其中上过小学的老年人占30.8%，上过初中的老年人占41.0%，这反映了坡岭村老年人的文化水平普遍不高。数据还显示了老年人个体间受教育程度差距较大，既有目不识丁的文盲老人，也有受过高等教育的老人。从家庭收入来看，2012年，最高收入者年收入达39490元，最低收入者年收入仅为1310元，前者约是后者的30倍，老年群体间贫富差距明显。从医疗开支来看，2012年被调查老年人在医疗保健上的花费从0元到8000元不等，个体间医疗负担差异明显，既有全年医疗开支为零的老人，也有全年医疗开支占年收入136.1%的老人。从老年人的生活方式看，与子女一起生活的老人占33.3%，独居老人占66.7%，这说明在坡岭村老年人独居现象比较普遍。

（二）老年人身体健康状况

1. 老年人患病情况

从表1可以看出，老年人的身体状况不容乐观，患有慢性病的老年人约占48.7%。其中主要的疾病类型为心血管疾病（12.8%）和呼吸道疾病（15.4%）。老年人是慢性病高发群体，一方面随着年龄的增长，老年人身体的各项机能处于退化状态，身体免疫力下降，更容易罹患各类疾病。另一方面，农村的生活方式在一定程度上加剧了老年人身体的恶化，本次调查中，有56.4%的老年人做饭使用的主要能源是柴草，柴草燃烧散发的烟雾对气管有很强的刺激性，这也是呼吸道疾病在老年人慢性病中比较常见的一个重要原因。另外，坡岭村大部分年轻人都外出打工，家里的农活基本上全部落在老人肩上，高强度的劳动和生活压力加剧了老年人身体的恶化。

表1　老年人患慢性病状况

所患疾病	心血管	呼吸道	消化系统	风湿性关节炎	其他疾病	没有患病
人数	5	6	2	2	4	20
所占比例	12.8%	15.4%	5.1%	5.1%	10.3%	51.3%

2. 老年人综合身体素质

为了了解老年人的综合身体素质，问卷设计了包括身体疼痛感、疲劳感、睡眠状况、独自从事日常活动难易程度、是否依靠药物或医疗的帮助进行日常生活五个维度。疼痛感有五个选项，分别是：没有疼痛感、偶尔有疼痛感、时有时无、经常有疼痛感、总是有疼痛感；疲劳感有五个选项，分别是：根本不容易累、很少容易累、容易累、比较容易累、极容易累；睡眠状况有五个选项，分别是：根本没困难、很少有困难、有困难、比较困难、极困难；独自从事日常活动时是否有困难有五个选项，分别是：根本没困难、很少有困难、有困难、比较困难、极困难；是否需要药物或医疗的帮助进行日常生活有五个选项，分别是：根本不需要、很少需要、需要、比较需要、极需要。根据评价的程度不同，将每个选项分别对应不同的健康等级，分为五个健康等级，分别为等级Ⅰ、等级Ⅱ、等级Ⅲ、等级Ⅳ、等级Ⅴ，身体评价越积极，健康等级越高。

表2是老年人健康等级的调查结果。

在疼痛感这一项中，30.8%的老年人表示没有疼痛感，33.3%的老年人偶尔有疼痛感，7.7%的老年人疼痛感时有时无，25.6%的老年人经常有疼痛感，2.6%的老年人总是有疼痛感，健康等级集中分布在等级Ⅴ（30.8%）和等级Ⅳ（33.3%）。

在疲劳感这一项中，20.5%的老年人表示根本不容易累，15.4%的老年人很少容易累，20.5%的老年人容易累，33.3%的老年人比较容易累，10.3%的老年人极容易累，健康等级集中分布在等级Ⅴ（20.5%）、等级Ⅲ（20.5%）和等级Ⅱ（33.3%）。

在睡眠状况这一项中，59.0%的老年人表示根本没困难，17.9%的老年人很少有困难，2.6%的老年人有困难，15.4%的老年人比较有困难，5.1%的老年人极困难，健康等级集中在等级Ⅴ（59.0%），老年人的睡眠状况普遍较好。

在独自从事日常生活难易程度这一项中，53.8%的老年人表示根本没困难，33.3%的老年人很少有困难，2.6%的老年人有困难，10.3%的老年人比较有困难，健康等级集中在等级Ⅴ（53.8%）和等级Ⅳ（33.3%）。

在是否需要依靠药物或医疗的帮助进行日常生活这一项中，35.9%的老年人表示根本不需要，23.1%的老年人很少需要，17.9%的老年人需要，12.8%的老年人比较需要，10.3%的老年人极需要，健康等级集中在等级Ⅴ（35.9%）和等级Ⅳ（23.1%）。

表2　　老年人健康等级　　（%）

健康等级	疼痛感	疲劳感	睡眠状况	独自从事日常生活难易程度	是否需要依靠药物或医疗的帮助进行日常生活
Ⅴ	30.8	20.5	59.0	53.8	35.9
Ⅳ	33.3	15.4	17.9	33.3	23.1
Ⅲ	7.7	20.5	2.6	2.6	17.9
Ⅱ	25.6	33.3	15.4	10.3	12.8
Ⅰ	2.6	10.3	5.1	0	10.3

（三）老年人心理健康状况

世界卫生组织（WHO）将健康定义为“健康不仅为疾病或羸弱之消除，而系体格、精神上的完满状态以及良好的适应能力”①。随着社会的进步和经济的发展，人们的物质生活水平有了很大的提

① 世界卫生组织：《世卫组织对健康的定义》，http：//www.who.int/suggestions/faq/zh/com，2011年4月13日。

高，人们对于健康的关注不再局限于身体健康，心理健康也越来越引起人们的重视。目前，我国已经进入老龄化快速发展阶段。研究表明，70%—80%的老年疾病与心理因素有关，且心理因素对身心健康的影响越来越突出。[①] 在农村，缺乏劳动力和经济来源的老人，需要子女照顾和赡养，心理负担比较重，尤其是一些家庭生活条件差，生活不能自理或是没有子女赡养和照顾的老人，承受着更大的心理压力。

为了了解老年人的心理健康状况，问卷中设计了包括满足感、消极感、孤独感、安全感四个维度。满足感有五个选项：没有满足感、偶尔有满足感、时有时无、常有满足感、总有满足感；消极感有五个选项：没有消极感受、偶尔有消极感受、时有时无、常有消极感受、总有消极感受；孤独感有五个选项：根本不孤独、很少孤独、孤独（一般）、比较孤独、极孤独；安全感有五个选项：根本不安全、很少安全、安全（一般）、比较安全、极安全。问卷采取五点计分制，其中消极感受和孤独感是反向计分，其他维度均为正向计分，总分为20分，得分越高说明老年人心理健康水平越高。

表3　　　　心理健康状况赋分表

满足感		消极感		孤独感		安全感	
程度	赋分	程度	赋分	程度	赋分	程度	赋分
没有满足感	1	没有消极感受	5	根本不孤独	5	根本不安全	1
偶尔有满足感	2	偶尔有消极感受	4	很少孤独	4	很少安全	2
时有时无	3	时有时无	3	孤独（一般）	3	安全（一般）	3
常有满足感	4	常有消极感受	2	比较孤独	2	比较安全	4
总有满足感	5	总有消极感受	1	极孤独	1	极安全	5

① 吴振云：《老年心理健康的内涵、评估和研究概况》，《中国老年学杂志》2003年第12卷第23期。

统计发现，坡岭村老年人的心理状况良好，心理测评平均分为16.2分（总分20分）。

满足感平均得分为3.4分，其中，没有满足感的老人占5.1%，偶尔有满足感的老人占20.5%，满足感时有时无的老人占20.5%，常有满足感的老人占43.6%，总有满足感的老人占10.3%；消极感平均得分为4.5分，其中，没有消极感的老人占66.7%，偶尔有消极感的老人占25.6%，消极感时有时无的老人占2.6%，常有消极感的老人占5.1%；孤独感平均得分为4.3，其中，64.1%的老人表示根本不孤独，15.4%的老人很少孤独，5.1%的老人感到孤独，12.8%的老人比较孤独，2.6%的老人极孤独；安全感平均得分为4.0分，其中，7.7%的老人觉得根本不安全，15.4%的老人觉得安全，38.5%的老人觉得比较安全，38.5%的老人觉得极安全。

通过访谈发现坡岭村老年人精神状况良好可能是由于以下几方面的原因：第一，生活水平相对从前有了大幅度的提高，老年人的主观心理满足度较高，并且新农保、新农合的覆盖给他们带来了一些生活上的保障，解除了一些后顾之忧。第二，子女均成家立业，家中负担减轻。第三，左邻右舍“抬头不见低头见”，社会关系比较密切。

二　公共卫生服务

（一）坡岭村公共卫生服务现状

目前我国对老年人的卫生投入不足，尤其是农村老年人，由于城乡差异，无法享受到均等化的公共卫生服务。农村老年人是社会中的弱势群体，如何保证老年人的健康水平，向老年人提供公平、均等化的医疗卫生服务，是政府需要正视的问题。2009年中央关于深化医疗改革连续发布了两个文件《中共中央、国务院关于深化医药卫生体制改革的意见》（中发〔2009〕6号）和《国务院关于印发医药卫生体制改革近期重点实施方案（2009—2011 年）的通知》（国发〔2009〕12 号），文件中中央首次明确提出“基本公共服务均等化”的概念，这两个文件在改善农村落后的医疗卫生状况方面起了积极的作用。村卫生室作为农村三级预防保健网的基础，由于其距离近、收费最低，成为老年人生病治疗的首选。地处经济发达的江苏省，坡岭村的村卫生室在医疗设备和医务人员配备方面相对比较完善，基本上可以应对一些常见病、多发病的治疗。针对老年人，卫生室还专门建立了健康档案，对于一些“三高”、心脏病等疾病患者，卫生室的医务人员平均一个月有一次回访。另外乡镇卫生院每年都会安排老人的健康体检，这些措施有利于加强对老年人疾病的预防和控制。

目前合作医疗制度在坡岭村实现了全覆盖。2012 年，坡岭村共有 702 户、1719 人参加了新农合，这说明合作医疗在农民群体中得到了普遍的认可。根据《姜堰市新型农村合作医疗制度实施细则》，在本市镇级定点医疗机构就诊，门诊按 25% 给予补偿，每次住院起付线为 300 元，300 元以上的部分按 75% 进行补偿，在本市县级定点医疗机构就诊，每次住院起付线 500 元，500 元以上的部分按 55% 进行补偿。新型合作医疗实施以来，虽然减轻了农民的看病负担，但也存在不少问题。有一些补偿标准还不尽合理，补偿比例较低，自费药品过多，起付线偏高，检查费用高，使得受益患者得到补偿的金额有限，另外合作医疗主要是大病统筹，对于慢性病的报销比例较低，老年群体是慢性病高发群体，其“看病难”“看病贵”的现象依然没有得到有效解决（见表 4）。

表 4　　姜堰市新农合 2012 年住院补偿情况

医疗机构范围	起付线（元）	补偿比例（%）
一级定点医疗机构	300	75（实施基药制度）
		65（未实施基药制度）

续表

医疗机构范围	起付线（元）	补偿比例（%）
二级定点医疗机构及华山医院	500	55
本市以外一级及以上非营利性医疗机构	800	35（经本市级医疗机构转诊）
		25（未经本市级医疗机构转诊）
本市以外二级及以上非营利性医疗机构	1000	30（经本市级医疗机构转诊）
		20（未经本市级医疗机构转诊）

（二）坡岭村公共卫生服务存在的问题

第一，现实中，农民的自我保健意识薄弱，经济困难、看病贵、看病难的问题依然存在，相当部分的农民由于对慢性病的危害缺乏足够的认识，在发病期内往往拖着、熬着，直到病情非常严重时才去治疗，对疾病预防知识知之甚少。仅有 38.46% 的老年人表示定期到医院做检查。在实际调查中老年人有病而未去医院就诊的情况占了 84.2%。患病而未去医院治疗的老人中有 81.3% 选择在家吃药治疗，另外 18.8% 的老人由于身患慢性病，自觉无有效治疗措施而放弃治疗。

第二，虽然随着新农合筹资水平的不断提高，农民报销水平也随之提高，但是由于定点医院医疗费用收费过高，使得农民依然要承受高昂的医疗费用，为了解决医疗机构药价高的问题，姜堰市按照江苏省的要求建立基本药物制度。农民在乡镇卫生院及村卫生所就诊的药品价格大大下降了。村卫生室的负责人介绍说：村里的基本药物制度从 2012 年 1 月 1 日起开始实行；与之前相比，药品价格平均下降了 60%。以前 10 元的药，现在有的只要 1 元多。但是基本药物涉及的药物品种只是一些常见病、多发病的治疗药物，老年群体是慢性病高发群体，许多治疗慢性病的药物并没有纳入基本药物制度，老年人依然承担着高昂的医药负担。

三　健康自评及影响因素

健康自评是研究对象对自身健康的主观感受，它是研究对象基于自身身体状况的一个综合评价，在一定程度上能够反映真实的健康状况。有研究显示，健康自评比客观指标如患病率、患病数等对老年人的残疾、死亡等后果有更好的预测作用，能更准确地反映老年人的健康状况。①

为了考察老年人的身体健康状况，我们请受访老人对自己的健康状况作一个评价，健康自评分为三类：健康、一般、不健康。从调查结果看，老年人健康自评存在差异。本章通过描述不同年龄、不同文化程度、不同婚姻状态、不同年收入、不同患病状况的老人健康自评状况，从而得到老年人健康自评的影响因素。

（一）健康自评与年龄的关系

为了考察年龄与健康自评之间的关系，笔者将老年人按年龄划分为三个组：60—65 岁组、65—70 岁组、70 岁以上组。调查显示，在 60—65 岁的老年群体中，自评为“健康”的老人达 66.7%，自评为“一般”的老年人为 33.3%，没有老年人自评为“不健康”，健康自评积极的比重较高。年龄在 65—70 岁的老年人，自评“健康”和“一般”的持平，均为 41.2%。70 岁以上的老年人自评“健康”的比例达 50.0%，但是自评“不健康”的比例为 31.25%，是所有年龄分组中自评“不健康”所占比重最高的，比 60—65 岁中自评“不健康”的比重高 31 个百分点，比 65—70 岁中自评“不健康”的比重高 13 个百分点（见表 5）。以上调查结果说明随着年龄的增长，老年人的生理机能会随着时间而退化，身体

① 汤哲：《人口老龄化与老年卫生保健》，经济科学出版社 1999 年版，第 4 页。

素质也在下降，这些都会影响老年人对于自身健康的评价。

表 5　　健康自评的年龄差异　　单位:%

健康自评＼年龄	60—65 岁	65—70 岁	70 岁以上
健康	66.7	41.2	50.0
一般	33.3	41.2	18.8
不健康	0	17.6	31.3

（二）健康自评与受教育程度的关系

根据受教育年限的不同，将老年人划分为四组：未上学、小学、中学（包括初中和高中）、中学以上（包括职高和中专）。其中，受过中学以上教育的老年人中自评“健康”的比重为66.7%，受过中学教育的老年人中自评“健康”的比重为55.0%，受过小学教育的老年人中自评“健康”的比重为33.3%，未上学的老年人中自评“健康”的比重为50.0%，受过中学及以上教育的老年人健康自评积极的比重要高于其他分组（见表6）。造成这种差异的原因可能是：老年人受教育程度越高，其社会地位和社会评价会越高，医疗保健意识也越强，健康自评越积极。

表 6　　健康自评的受教育程度差异　　单位:%

健康自评＼受教育程度	未上学	小学	中学	中学以上
健康	50.0	33.3	55.0	66.7
一般	25.0	41.7	30.0	0
不健康	25.0	25.0	15.0	33.3

（三）健康自评与婚姻状况的关系

我们把婚姻状况分为三类，分别是：已婚、未婚、丧偶及离异。表 7 反映了健康自评的婚姻状况差异。未婚老年人中，自评为“不健康”的比重高达 66.7%，健康自评最为消极，高于其他分组中自评为“不健康”的老年人所占比重。已婚老年人中自评为“健康”的比重为 53.8%，丧偶及离异的老年人中自评为“健康”的比重为 57.1%，而未婚老年人中自评为“健康”的仅为 16.7%，这一结果反映了结婚与健康自评之间有方向性关联。

表 7　　　　健康自评的婚姻状况差异　　　　单位:%

健康自评＼婚姻状况	已婚	未婚	丧偶及离异
健康	53.8	16.7	57.1
一般	34.6	16.7	28.6
不健康	11.5	66.7	14.3

（四）健康自评与收入的关系

根据 2012 年纯收入高低的不同，将被调查老年人分为四组，分别为 0—4000 元、4000—8000 元、8000—12000 元以及 12000 元以上。表 8 反映了健康自评与收入之间的关系，可以看出，收入水平与老年人健康自评存在相关性。收入在 12000 元以上的老年人健康自评最为积极，约 70.6% 的老年人自评为“健康”，29.4% 的老年人自评为“一般”，没有老人自评为“不健康”。尽管 8000—12000 元收入分组中老年人自评为“健康”的只有 16.7%，但其自评为“一般”的所占比重比较大，为 66.7%，高于其他分组中自评为“一般”的老年人所占比重。另外，在此收入分组中，自评为“不健康”的所占比重较小，为 16.7%。健康自评最为消极的是收入在 4000 元以下的老年人，约占一半的老年人自评为“不健康”。上述结果在某种程度上反映了收入高低对老年人健康自评有显著影响，健康自评的积极程度随着收入的增加而增加。形成这种关联的可能原因是：收入水平提高能够改善人们的生活条件和营养水平，并提高医疗卫生资源的可得性。在坡岭村的调查中了解到，尽管新型农村合作医疗和农村医疗救助有效地降低了农民看病的经济负担，但农民家庭仍然需要承担一定的医疗费用，一些经济困难家庭“有病不医”，从而导致其健康状况恶化。

表 8　　健康自评与收入之间的关系　　单位:%

年收入（元） 健康自评	0—4000	4000—8000	8000—12000	12000 元以上
健康	30. 0	50. 0	16. 7	70. 6
一般	20. 0	16. 7	66. 7	29. 4
不健康	50. 0	33. 3	16. 7	0

（五）健康自评与是否患慢性病的关系

是否患有慢性病对老年人的健康自评有显著的影响，没有患慢性病的老年人中 80. 0% 自评为“健康”，自评为“不健康”的仅占 5. 0%，而患有慢性疾病的老年人中自评为“健康”的仅占 15. 8%，大部分患慢性疾病的老年人自评较消极，自评为“一般”和“不健康”的分别占 47. 4% 和 36. 8%（见表 9）。导致上述差异性的原因可能是：患有慢性疾病的老年人常年受疾病困扰，心理负担比较重，自评较消极。

表 9　　健康自评与是否患慢性病之间的关系　　单位:%

是否患慢性病 健康自评	患有慢性病	没有患慢性病
健康	15. 8	80. 0
一般	47. 4	15. 0
不健康	36. 8	5. 0

四　心理健康及影响因素

调查发现，老年农民的孤独感与居住方式及婚姻状况是有一定的关联。随着进城务工的年轻人不断增多，农村空巢家庭现象严重，由于情感慰藉、健康医护、生活照料等方面的缺乏，空巢老人更容易感到孤独。另外老年人人际交往单一，农村基础设施和文化娱乐场所的发展滞后，老年人精神文化生活匮乏单调，老年人晚年生活孤独日益成为一个严重的社会问题。

（一）心理健康与居住方式的关系

在坡岭村，为避免代际冲突，很多老人在身体能够自理的条件下不跟子女共同生活的习惯已经形成。调查中，和子女共同生活的老人占 33.3%，独居老人占 66.67%，其中，独居老人中感到孤独的占 42.3%，与子女共同生活的老人中感到孤独的占 23.1%。

表 10　　**农村老年人不同居住方式下孤独感统计**　　单位：%

居住方式	与子女一起生活	单独居住
不同居住方式下老年人数量	13	26
不同居住方式下感到孤独的老年人数量	3	11
不同居住方式下感到孤独的老年人比例	23.1	42.3

（二）心理健康与婚姻状况的关系

婚姻状况在老年人生活中扮演了十分重要的角色。调查显示，在有配偶的老人中，76.9%的人在生活中并不感到孤独，对比未婚老人和丧偶独居老人的数据，未婚老人中感到孤独的占 50%，而丧偶独居的老人中这一比例高达 83.3%，这也就是说单身独居的老人是一个很容易感到孤独的群体。此次调查走访中有一位 67 岁的林奠基的老人，他在村里是一名光棍，和哥哥嫂嫂住在一起。哥哥患有肺气肿，嫂嫂有糖尿病，几乎没有劳动能力，靠他扶持，在问到是否孤独时，他表示从未感到孤独。同样另外一位70岁的独居老人林粉规，丈夫前几年突发心脏病不幸去世，子女又都在城里工作，虽然子女孝顺，平时衣食样样不缺，她却时常感到孤独，独自一人在农村生活，田间劳作成了打发时间的方式。案例中的林奠基老人虽然身体状况不好、家庭负担重、没有子女，但是由于同哥哥一家同住，能够相互照料、相互支撑，使他能够保持良好的心理状态和社会交往状况，减少孤独感。相比之下，独居老人由于生活闭塞，社会交往单一，更容易产生孤独感。

表11　　农村老年人不同婚姻状态下孤独感统计

婚姻状态	配偶健在	丧偶独居	分居或离异	未婚
不同婚姻状态下老年人数量（人）	26	6	1	6
不同婚姻状态下感到孤独的老年人数量（人）	6	5	0	3
不同婚姻状态下感到孤独的老年人比例（%）	23.1	83.3	0	50.0

五　健康状况与主观生活质量评价

（一）主观生活质量评价概述

主观生活质量评价的指标包括个人的生活幸福感、对生活的总体满意度以及对生活不同方面的满意度。为了考察老年农民对生活的满意度和幸福感，我们请受访老人对自己的生活及生活的几个主要方面打分。满意度和幸福感评价均采取10分制，1分代表最低，10分代表最高。在对生活满意度的评价中，身体不健康的老人对生活满意度的平均打分为7.6分，身体一般的老人对生活满意度的平均打分为8.1分，身体健康的老人对生活满意度的平均打分为8.1分，不同身体状况的老人生活满意度差距较小。在身体健康的满意度一项中，平均得分为7.1分。其中，身体健康的老人对自身身体的满意度平均打分为8.21分，身体状况为一般的老人对自身身体满意度平均打分为7.25分，身体状况不健康的老人对自身身体满意度打分最低，平均分仅有4分，这说明，身体健康状况与身体满意度呈正相关关系。在对主观幸福感的评价中，有31位（79.5%）对生活幸福的评分在8分及8分以上，其中影响幸福最重要的三个因素从高到低依次为家庭关系（22.1%）、身体（18.6%）以及金钱（16.3%）。其中，身体状况为健康、一般、不健康的老人平均幸福感评分分别为8.53分、8.58分和8.13分，基本持平。另外，患有慢性病和没有患慢性病的老人平均幸福感评分分别为8.5分和8.4分。

（二）不同身体状态下主观生活质量评价

从身体疼痛感来看，没有疼痛感的老人生活满意度和生活幸福感平均打分分别为7.5分和8.3分；偶尔有疼痛感的老人生活满意度和生活幸福感平均打分分别为8.2分和8.4分；疼痛感时有时无的老人生活满意度和生活幸福感平均打分分别为8.0分和9.3分；经常有疼痛感的老人生活满意度和生活幸福感平均打分分别为8.2分和8.6分；总有疼痛感的老人生活满意度和生活幸福感平均打分分别为8分和7分。

从疲劳感来看，根本不容易累的老人生活满意度和生活幸福感平均打分分别为8.3分和8.4分；很少容易累的老人生活满意度和生活幸福感平均打分分别为7.8分和8.7分；容易累的老人生活满意度和生活幸福感平均打分分别为7.5分和8.4分；比较容易累的老人生活满意度和生活幸福感平均打分分别为8.2分和8.5分；极容易累的老人生活满意度和生活幸福感平均打分分别为8.0分和8.3分。

从睡眠难易程度来看，根本没困难的老人生活满意度和生活幸福感平均打分分别为 8.0 分和 8.7 分；很少有困难的老人生活满意度和生活幸福感平均打分分别为 8.3 分和 8.1 分；有困难的老人生活满意度和生活幸福感平均打分分别为 8.0 分和 8.0 分；比较有困难的老人生活满意度和生活幸福感平均打分分别为 7.7 分和 8.0 分；极困难的老人生活满意度和生活幸福感平均打分分别为 7.0 分和 9.0 分。

从从事日常生活难易程度来看，根本没困难的老人生活满意度和生活幸福感平均打分分别为 7.7 分和 8.1 分；很少有困难的老人生活满意度和生活幸福感平均打分分别为 8.5 分和 9.1 分；有困难的老人生活满意度和生活幸福感平均打分分别为 8.0 分和 8.0 分；比较困难的老人生活满意度和生活幸福感平均打分分别为 8.0 分和 8.3 分。

从是否需要药物或医疗帮助进行日常生活来看，根本不需要的老人生活满意度和生活幸福感平均打分分别为 7.8 分和 8.4 分；很少需要的老人生活满意度和生活幸福感平均打分分别为 8.6 分和 8.7 分；需要的老人生活满意度和生活幸福感平均打分分别为 7.6 分和 8.0 分；比较需要的老人生活满意度和生活幸福感平均打分分别为 8.4 分和 9.2 分；极需要的老人生活满意度和生活幸福感平均打分分别为 7.5 分和 8.0 分。

（三）不同心理状态下主观生活质量评价

从是否有满足感来看，没有满足感的老人生活满意度和生活幸福感平均打分分别为 8.5 分和 9.0 分；偶尔有满足感的老人生活满意度和生活幸福感平均打分分别为 8.3 分和 8.6 分；满足感时有时无的老人生活满意度和生活幸福感平均打分分别为 7.5 分和 7.8 分；常有满足感的老人生活满意度和生活幸福感平均打分分别为 8.1 分和 8.5 分；总有满足感的老人生活满意度和生活幸福感平均打分分别为 7.8 分和 9.3 分。

从是否有消极感受来看，没有消极感受的老人生活满意度和生活幸福感平均打分分别为7.8分和8.5分；偶尔有消极感受的老人生活满意度和生活幸福感平均打分分别为8.3分和8.4分；消极感时有时无的老人生活满意度和生活幸福感平均打分分别为9.0分和10.0分；常有消极感受的老人生活满意度和生活幸福感平均打分分别为7.5分和8.0分。

从孤独感来看，根本不孤独的老人生活满意度和生活幸福感平均打分分别为7.9分和8.3分；很少孤独的老人生活满意度和生活幸福感平均打分分别为8.0分和9.2分；孤独的老人生活满意度和生活幸福感平均打分分别为8.0分和8.5分；比较孤独的老人生活满意度和生活幸福感平均打分分别为8.4分和8.4分；极孤独的老人生活满意度和生活幸福感平均打分分别为8.0分和8.0分。

从安全感来看，觉得根本不安全的老人生活满意度和生活幸福感平均打分分别为8.0分和8.7分；觉得安全的老人生活满意度和生活幸福感平均打分分别为8.3分和8.8分；觉得比较安全的老人生活满意度和生活幸福感平均打分分别为7.5分和8.3分；觉得极安全的老人生活满意度和生活幸福感平均打分分别为8.3分和8.4分。

上述结果反映了对于农村老年人来说，身心状况的好坏对主观幸福感的影响很小。造成这一现象的原因可能是由于农村老年人对于幸福的认知还停留在不愁吃穿阶段，幸福观主要来自和过去生活的对比。调查中发现，有些常年疾病缠身、靠着微薄的养老金和子女接济的老人，在问及生活幸福状况时，大多数老人表示过得很幸福，其幸福的原因显示出惊人的相似，基本上是日子相较从前有了很大的变化，吃穿用度不用发愁了。这一方面反映了老年人生活质量主观评价和客观情况存在较大的差异，一些生活质量很差的老年人也有非常高的主观评价。另一方面反映了老年人生活状况还处于极低水平，根据马斯洛需求层次理论，人只有在最低层次的生存需求得到满足后，才会追求更高层次的需求，对于老年人来说，生活水平还处于温饱阶段，对于身体保健的需求较小。

六　政策建议

（一）促进医疗体制改革，减轻老年人医疗负担

由于筹资水平的提高，新农合的保障程度也相应提高了。农民住院的补偿比和封顶线逐步提高。同时，农民门诊也能得到一定比例的报销。但是，由于定点医疗机构医疗费用过高，致使农民从新农合中得到的好处打了折扣，政府补贴的很大部分将流入医疗机构。实地调查发现，农民对新农合制度不满意的一个重要原因是定点医疗机构的医疗和服务费用高。很多农民尤其是经济条件较差的农民在患病时会选择在药店买药自行治疗或者放弃治疗。作为一个特殊的年龄群体，农村老年人经济收入偏低、健康状况差、患病率高、医疗需求强烈，考虑到这些特殊性，有必要在不断完善新型合作医疗前提下，应该更多地考虑到老年群体的特殊需求，针对老年人的慢性病频发的特征，将老年人常见慢性病纳入合作医疗报销范围，增加门诊统筹基金比例，不断提高门诊报销比例。总之，建立健全农村养老保险和医疗保险，促进医疗体制改革，加大对老年群体报销力度，减轻老年人医疗负担，使农村老年人真正享受到“老有所养”“老有所医”。

（二）普及卫生知识，增强老年人的自我保健能力

文化水平的高低，影响人们的健康意识和生活方式，进而对健康状况造成影响，一般来说，文化水平高的人较易接受新的医学模式和健康观念，有利于养成健康的行为和生活习惯，并注重预防保健，从而减低疾病的发病率和减少疾病造成的损失。在坡岭村，农民的自我保健意识薄弱，相当部分的农民由于对慢性病的危害缺乏

足够的认识，在发病期内往往拖着、熬着，直到病情非常严重时才去治疗。因此要针对老年人开展健康教育，特别注意强化老年人的自我保健意识，提倡老年人自觉开展保健活动，定期进行健康体检。

（三）积极开展文化娱乐活动，丰富老年人精神文化生活

精神文化是影响老年人心理健康的重要因素，它直接影响着老年人的精神乐观和身体健康。在坡岭村，农村的文化事业和社区发展比较落后，老年人无法享受到各种文化活动带来的乐趣，其精神生活十分单调，“聊天”“散步”“看电视”成了日常娱乐的三大主题。为了改善老年人精神文化活动质量低下的现状，一方面政府应该不断完善基础设施的建设，包括老年人文化广场和健身设施；另一方面进一步健全老年社会组织，鼓励其开展多种形式的文艺活动。

（四）积极弘扬孝文化，形成敬老爱老社会风尚

中国自古以孝为道，老人们更希望老有所养，希望从家庭和谐、温暖中获得物质和心理上的满足，但是目前农村剩余劳动力向城镇转移的主要是年轻人，这导致了农村年龄结构发生了很大的变化，很多农村变成了“老年村”，空巢老人家庭不断增加，由于情感慰藉、健康医护、生活照料方面等缺乏，空巢老人健康状况面临更大风险。在中国传统文化中，子孙满堂、家庭和睦被认为是老年人幸福快乐的重要因素之一，随着子女外出务工、常年不回，孝道淡漠，不愿履行赡养老人的义务，造成老年人产生孤独感和被冷落感。针对年轻人孝道淡漠的现象，农村基层组织可以开展以宣传养老敬老爱老为核心的孝道教育，对年轻人履行孝道的情况进行监督和检查，对孝敬老人的典型予以表扬，对不履行孝道的予以曝光和批评。通过孝道教育，形成敬老爱老的良好社会风尚。

第六章

农村老年人口的生活保障

一　老年人口的生活保障方式

（一）老年人口的生活保障方式呈现多元化态势

问卷调查中的一个问题是“就老年生活的经济来源主要依靠什么?”备选答案包括“子女”“个人积蓄”“养老金”“个人劳动”“其他”等5种选项，可以多选。39名被调查者中选择了“个人劳动”的占53.9%、选择了“养老金”的占48.7%、选择了“子女”的占18.0%、选择“其他”的占15.4%、选择“个人积蓄”的占10.3%。从这一调查结果看，家庭、土地等传统的老年农民生活保障方式仍然在发挥作用，农村低保、新型农村社会养老保险等社会保障制度在保障老年农民生活中的作用也非常明显，老年农民的生活保障方式呈现多元化态势。

（二）个人保障是老年人口最主要的生活保障方式

个人保障通常指由个人财产、储蓄或劳动收入以及其他资产性收入作为老年生活的经济来源。个人保障能力的提高，可以减轻家庭和社会的压力，也可以在一定程度上应对家庭保障和社会保障不足乃至失灵的风险。

农民没有退休的概念。只要身体条件允许，农民即使过了国家法定的退休年龄，也仍然会参加劳动，从而得到一定程度的收入保障。与中国绝大多数农村地区的现状相似，坡岭村老人的劳动参与率很高，被调查的39名老年人中有74.4%（29人）仍然参加劳动。2011年的平均劳动天数为190天，平均劳动收入为6884.1元。从就业方式上看，老年人就业以自营为主，但也有35.9%的老人以长期雇工或打零工的方式受雇于他人。从就业领域上看，老年人主要从事农业生产活动，62.1%的老人从事纯农业劳动，而兼业和从事非农行业的老年人分别占17.3%和20.7%。

劳动收入是坡岭老人重要的经济来源，特别是对于那些传统老年农民来说，劳动收入仍是其最主要的经济来源。2011年，28位传统老年农民年平均总收入为8334.8元，其中平均劳动收入4368.1元，占总收入的52.4%。只要身体允许，老年人大都会继续劳动。调查显示，87.1%的有劳动能力的老人都未退出劳动领域。仍参加劳动的受访者中，年龄最长者已有82岁高龄。与退休职工相比，传统老年农民的劳动参与率更高。在31位有劳动能力的老人中，能领取退休金的11位退休职工劳动参与率为72.7%，而没有退休金的传统农村老人，其劳动参与率则高达95.0%。

（三）社会保障在老年生活中的作用凸显

2012年，姜堰市农村低保标准增加到了每人每月270元。2012年，姜堰市新农保的基础养老金从之前的每人每月60元提高到了70元。据调查，坡岭村大部分60岁以上的老年人都可以享受新农保的基础养老金。统计结果表明，56.4%的老年农民对新农保制度很满意；20.5%的老年农民对新农保制度比较满意；7.7%的老年农民表示难以评价，即“说不清”。对新农保制度不满意的农民只有5.1%。新农保制度的实施使得老年农民多了一个稳定的收入来源。而且这一政策有助于减轻子女的养老负担，并进而缓解代与代之间的经济纠纷。姜堰市从 2011 年 3 月起，对全市 80 周岁以上的老年人发放尊老金，凡具有姜堰市户籍的 80 周岁以上的老年人，均享受高龄老人尊老金，其中 80—89 周岁的标准为每人每月 50 元，90—99 周岁的标准为每人每月 100 元。

农户调查显示，农村社会保障制度在保障老年农民基本生活中的作用非常明显。受访老人 2011 年的平均纯收入为 12867.0 元，主要由劳动收入、转移性收入两大部分构成。其中，平均劳动收入 5119.0 元，占其总收入的 39.8%；平均转移性收入 7748.0 元，占其总收入的 60.2%。转移性收入主要来自社会保障收入、子女及亲友馈赠、农业补贴三方面构成。社会保障类转移收入则主要包括新农保养老金、低保收入、五保收入、计划生育养老金以及退休职工所领取的退休金。新农保养老覆盖率较高，并且保障水平相对较高。在符合条件的受访老人中，85.2% 的老人已领取到新农保养老金，年均领取新农保养老金 843.4 元（约 70 元/月）。而受访老人中领取的养老金最高已达到 180 元/月，养老金对老年人生活的保障效果较明显。被调查的 11 名退休职工几乎可以完全依靠退休金生活。他们平均每人每月可领取退休金 1235.4 元，仅退休金一项就占其总收入的 61%。低保收入对困难老人的生活起到了兜底作用。在被调查的 39 名老年人中，有 6 人享受了农村最低生活保障，平均领取低保补贴 1671.3 元。如无低保补贴，六位老人的人均年收入仅为 2416 元，远低于坡岭村平均水平，而低保收入有效缓解了其生存压力。

在很长的一段时期内，医疗需求得不到满足是困扰农民尤其是老年农民的一个重要问题。新型农村合作医疗的实施以及筹资标准的逐步提高，在很大程度上缓解了这一问题。但是，新农合定点医疗机构医疗费用过高，致使农民从新农合中得到的好处打了折扣，政府补贴的很大部分将流入医疗机构。实地调查发现，很多农民尤其是经济条件较差的农民在患病时会选择在药店买药自行治疗或者放弃治疗。针对这种情况，姜堰市按照江苏省的要求建立基本药物制度。农民在乡镇卫生院及村卫生所就诊的药品价格大大下降了。从2012年1月1日开始，姜堰市开始实施基本药物制度。在与坡岭村卫生室的负责人的访谈中了解到，实施基本药物制度后，药品价格平均下降了60%，到卫生室看病的人明显增多了。

二　老年人口生活保障面对的问题

（一）家庭养老的困境及原因

1. 家庭保障功能弱化的表现

家庭养老是一种建立在明确的代际契约之上并由社会道义及法律支撑的制度安排。《中华人民共和国老年人权益保障法》指出，老年人养老主要依靠家庭，家庭成员应当关心和照料老年人。调查发现，家庭保障仍然在发挥作用。在39名老年人中，有9人没有子女，5人有1个子女，12人有2个子女，13人有3个及以上子女。70%的受访老人表示，子女每年会给他们一定数额的钱（或实物）；2011年，每个老年农民平均得到的数额为4589.5元。

但是，从总体情况看，家庭保障功能呈现弱化的趋势，其仅仅是作为个人保障的补充而发挥作用。老年农民只有当劳动收入不足以维持生活时，才转向完全依赖子女；那些低龄且身体好的老年人通常单独生活，独立劳动，依靠劳动收入来维持生活，子女在适当的时候给予一些帮助。调查显示，相当比例的老人实际并未获得子女的经济供养。在有子女的30位受访老人中，36.6%的老人没有得到子女的任何经济支持。而在老人所获得的有限的子女转移性收入中，很大一部分是实物折价，并非真正的经济供养。而且，子女与老人之间并未形成稳定的、有约束力的赡养契约，子女对老人的经济上的补贴通常不固定，甚至只是逢年过节时才给予父母一点现金或礼品。

老年人口的居住方式的特征，在一定程度上反映了家庭保障功能的弱化。统计显示，老年人口独居的比例随着年龄增大呈“U”形。在70岁以前，独居比例随着年龄的增大而减少；当老年人年龄超过70岁之后，独居的比例又呈上升趋势。这说明，农村养老遭遇道德危机，当老年人生活还能自理，还可以通过帮助子女照料孩子、做家务、种地等代际交换获得子女在生活上的照料。一旦老年人年老力衰，需要子女在身边赡养照料时，大多数子女并未尽到应尽义务。

照料支持是家庭养老的另一个重要方面，老年人随着年龄的增长，患病率不断增大，更多地需要家庭成员在日常护理和生活照料方面的支持。但调查显示，48.7%的老年人在生病时依靠老伴照料，子女照料的比例仅占23.0%。

2. 家庭保障弱化的原因

家庭养老保障弱化与家庭保障能力不足有关，更与子女的赡养意愿低有关。调查发现，很多家庭的养老能力不足。形成这一现象的共性原因有两个。一是在教育、医疗费用不断上涨的背景下，农民家庭在这些领域的开支和预期开支较多，这一方面影响了现有老年人为将来所面对的养老问题进行储备，另一方面也导致家庭对老年人支持力度的减少。二是由于城市较高的生活费用压力的背景下，进城农民工对家庭的经济支持力度减小。

与家庭保障能力不足相比，家庭保障功能弱化更与子女的赡养意愿有紧密的关系。而子女的赡养意愿则与父母在家庭中的地位相关联。根据阿玛蒂亚·森等学者的研究，家庭内部不同成员的地位及其相互之间的关系，是由各个成员的相对谈判能力所决定的(relative bargaining power)。而决定这种相对谈判能力的关键因素是：家庭成员之间的合作关系破裂后，该家庭成员的“退路”（fall back position），以及情感、爱心、社会压力等社会规范。用这一框架来分析我国农村的家庭关系可以看出，由于改革开放后农村道德教育的缺失，子女的赡养意识弱化了；在人口流动的背景下，宗族、社会规范等传统的约束手段也逐渐趋于失灵。在更加重要的“退路”上，与子女相比，老年人口的“退路”更窄，甚至就没有“退路”。老年人口的“老年”本身就是禀赋劣势，同时其受教育年限、技能等也与年轻人有差异；与发达国家的老年人及城里的老年人不同，农村老年人也没有什么积蓄；由于农村土地政策的变化，在传统农业社会中拥有的支配家庭土地等重要财产的权利不复存在。在交换权利方面，老年人口通过劳动或市场的交换权利又不及子女。问卷的统计结果显示，在31岁到60岁青壮年农民中，28人参加劳动，劳动参与率为90.32%，60岁以上的老年农民有33人参加劳动，劳动参与率为74.4%。与青壮年劳动力相比，仍在劳动的老年劳动力就业有如下差异：一是老年人中从事农业劳动的人占比较大的比重（75.9%），而青壮年劳动力则以非农就业（90.32%）为主；二是目前仍参加劳动的老年人，主要是以农业劳动尤其是单纯的农业劳动（62%）为主；三是老年劳动力非农就业局限在本地就业，100%的非农就业的老年劳动力都在本县范围内工作，特别集中在所在村内就业。从劳动时间和收入情况来看，2012年老年农民平均劳动141天，平均劳动收入只有5119元，而青壮年劳动力则平均工作8.8个月，平均收入达20746元。上述调查结果较为充分地反映了老年人与年轻人相比在交换权利中的弱势地位。实质上反映了经济能力和经济地位的差异，老年农民难以像年轻人那样分享分工、市场经济和全球化的好处。

家庭保障需要家庭外部的法律、社会约束力的支撑。尽管政府制定了诸多的约束子女养老的法律、法规和政策，但约束力不足。对于“如果子女不赡养您，您会怎么办?”这一问题，被调查者认为“没有办法，只能自己忍着或者搬到敬老院去住”的占44.8%；有31.0%的老人表示会选择“诉诸法律”，但他们中的很多人对诉讼判决后的执行环节心存疑虑。有的说，“如果子女不执行，你也不能天天往法院跑”。找村干部、找族长调解也是解决不赡养问题的可能性途径。调查发现，虽然76.7%的老人认为村干部会出面调解赡养纠纷，但对其调解效果并不看好，50.7%的老人觉得村干部的调解不管用或者不一定管用。不少老人认为，“村干部能力有限”，“虽然会做些调解工作，但子女如果不听，干部没办法”。作为非正式的组织，宗族组织随着现代社会的发展也趋于瓦解，其约束力更是逐渐消失。近六成的受访老人认为，族长，确切地说是宗族里的长辈的调解不会有效果，因为“现在不像以前那样家族比较紧密”“家族长普遍没有了权威”，长辈调解的作用只不过是“让子女受教育、反思”。

（二）土地保障功能弱化

土地保障的固有弱点是保障效果较差，没有待遇标准。而且，土地保障的伸缩性很大，不同年景下的保障水平有很大的差异。尤其是，土地保障要求土地资源应随着人口的增加被不断分割。但是，“生不增、死不减”的土地承包政策，在很大程度上抑制了土地保障功能。1997年坡岭村实行第二轮承包，以村民小组为单位，按照各个家庭的人口数量分配承包地，承包期限为30年。在承包期内实行“增人不增地、减人不减地”。这种做法无疑会导致一部分农村新增人口丧失土地承包权，成为无地人口。据估算，全村新增无地人口已占现有总人口的20%。

政府的粮食直补、良种补贴、农机具购置补贴以及最低收购价等惠农政策，使得土地的保障功能增强了。但是，流通领域中生产资料价格的上涨影响了补贴政策的实施效果，农业生产的效益仍然较低。2011年，坡岭村每亩小麦的产量大约400公斤，按照当年每公斤2元的市场价计算，每亩的毛收入为800元。而种子、化肥、农药、机耕、机收等各种物质成本及服务成本高达360元。在不考虑 10 天劳动投入的情况下，每亩小麦的净收益只有 440 元。水稻生产的收益相对好一些，但每亩的净收益也只有 840 元。如果再把劳动投入考虑进去，每亩土地的收益就更低了。从来自土地收入与家庭开支之间的关系看，老年人家庭户均种植业收入为 4373 元，而全年农村户均生活消费开支就为 11788 元，土地收入已经无法满足农民的日常生活所需。

土地流转的租金是反映土地保障功能的重要指标。由于农业生产的比较效益低，坡岭村的土地租金普遍较低。根据 2005 年我们对坡岭村 250 户农户的调查，被调查农户土地流转的平均租金为 400 元/亩，其中最高租金为 500 元/亩，最低租金为 50 元/亩；在流转出土地的农户中，有 71.4% 的农民表示租出的土地没有租金。到 2012 年，这种情况仍然没有改变，土地流转的租金仍然维持在 400 元/亩左右。有的农户不仅无偿把土地流转给其他农户，而且国家根据种粮面积发放的粮食直补、种子补贴也归土地的流入方。

（三）社会保障的保障水平较低

所有的老年农民都能享受到社会养老保障，但保障水平较低。2008 年姜堰市的农民人均纯收入为 10802 元。而老年人每年得到的新农保基础养老金只有 840 元，仅占农民人均纯收入的近 14%。新农保的保障水平远低于城镇职工等其他养老保险制度的保障水平。同是生活在坡岭村的老年人，11 位退休职工平均每人每月可领取退休金 1235.4 元，而 28 位一般意义上的老年农民每月人均领取新农保养老金仅合 70 元（843.4 元/年），前者是后者的 17.6 倍。

三　养老保障方式与主观生活质量

为了更全面地反映老年人自我保障、子女保障、社会保障三大主要保障资源的实际保障能力，除了上文提及的劳动收入、子女赡养金额、养老金数额三个绝对值指标外，还特别选取了劳动收入消费比、子女赡养消费比、社保消费比三个相对值指标，用以衡量各项保障资源对老年人生活的实际支撑能力。我们将劳动消费比定义为受访者劳动收入除以总消费，旨在考察个人劳动收入为代表的自我保障对老年人生活的支撑能力，该指标数值越大表示受访者的自我保障能力越强①。同理，子女赡养消费比、社保消费比两指标分别由受访者所获得的子女赡养金额、养老金数额（包括新农保养老金、企事业单位退休金）除以其总消费额，旨在考察受访者所拥有的子女保障资源、社会保障资源的保障程度。

同时，为了了解不同保障模式与老年人主观生活质量的关系，我们以生活满意度评分与主观幸福感评分的算术平均值作为衡量主观生活质量的依据，从养老保障模式、保障资源占有情况等多方面对老年人的主观生活质量进行了深入分析。

（一）不同保障模式下老年人主观生活质量

我们按照受访老人劳动消费比、子女赡养消费比、社保消费比三项指标的大小确定了受访老人主要生活来源，并以此为依据将受访老人的保障模式划分为以自我保障为主、以子女保障为主、以社会保障为主。统计数据显示，不同保障模式下老年人主观生活质量有差异。39 名被调查者中有 18 人属于自我保障型养老模式，占 46.2%，他们的主观生活质量评分为 8.18 分。12 人为子女保障型养老模式，他们的主观生活质量评分为 8.70 分。9 人为社会保障型养老模式，他们的主观生活质量评分为 8.75 分。

（二）不同保障资源占有情况与主观生活质量

按照某项资源对受访者生活的实际支撑能力，我们将受访者划

① 个人保障通常指由个人财产、储蓄或劳动收入以及其他资产性收入作为老年生活的经济来源，但考虑到多数受访老人没有储蓄及其他可用于养老保障的财产或数额较小，故而此处仅用劳动收入作为衡量个人保障能力的指标。

分为资源贫困者、中等、资源充足者。如果受访者某项资源不足以支撑其生活消费的10%，我们称为该种保障资源贫困。与之相应的，如果受访者某项保障资源可以完全满足其基本生活需求，我们则称为保障资源充足。按照该定义，41.0%的受访老人自我保障资源贫困，46.2%的受访老人属于子女保障资源贫困，56.4%的受访老人社会保障资源较为贫困；同时，25%的受访老人自我保障资源充足，20%的受访老人子女保障资源充足，但值得一提的是，所有受访老人的社会保障资源都不足以完全满足其生活消费需求。

表1　　保障资源充足度与主观生活质量

	资源贫困		中等		资源充足	
	占比	评分	占比	评分	占比	评分
自我保障	35.9%	8.71	39.1%	8.57	25.0%	8.55
子女保障	46.2%	8.79	33.8%	8.35	20.0%	8.12
社会保障	56.4%	8.23	43.6%	8.62	0.0%	—

进一步地，我们分别考察保障资源占有情况不同的农村老人的主观生活质量。从表1可以看出，随着自我保障资源支撑能力的增强，受访者的主观生活质量反而有所下降，自我保障资源充足组受访老人的主观生活质量（8.55）比该资源贫困组老人的主观生活质量评分低近0.2分；子女保障与主观生活质量间的关系依然，甚至呈现出更明显的负相关趋势，子女保障充足组主观生活质量评分（8.79）较之该资源贫困组主观生活质量评分低0.67分；只有社会保障资源愈加充足才带来受访老人主观生活质量的提高。也就是说，当老年人晚年生活较多地依靠自我保障或依赖于子女的赡养，其主观生活质量将会有所降低，而社会保障资源的充足则能在一定程度上有利于老年人的主观生活质量的提高。

（三）社会保障资源与主观生活质量相关性分析

通过前文的分析大体可以看出，不同生活保障资源对受访老人的主观生活质量的影响是有差异的。表2的相关性分析将有助于我们进一步验证主观生活质量与不同生活保障模式之间的关系，并探究各类保障资源间的关系。

表2　　　　保障资源与主观生活质量相关性分析

	主观生活质量	劳动收入	劳动消费比	子女赡养收入	赡养消费比	社保收入	社保消费比
主观生活质量	1						
劳动收入	-0.023 (0.887)	1					
劳动消费比	-0.12 (0.467)	0.673** (0.000)	1				
子女赡养收入	-0.024 (0.885)	-0.227 (0.171)	-0.341* (0.036)	1			
赡养消费比	-0.077 (0.643)	-0.311 (0.054)	-0.391* (0.014)	0.805*** (0.000)	1		
社保收入	0.102 (0.541)	0.01 (0.953)	-0.018 (0.915)	-0.138 (0.408)	-0.19 (0.254)	1	
社保消费比	0.082 (0.622)	0.031 (0.85)	0.178 (0.279)	-0.264 (0.11)	-0.265 (0.108)	0.889** (0.00)	1

注：*，**，***分别表示在10%，5%和1%水平上显著。

首先，在自我保障、子女保障和社会保障三类保障模式中，只有社会保障模式与农村老人的主观生活质量正向相关，而随着受访老人对个人保障资源、子女保障资源依赖程度的提高，其主观生活质量将会出现不同程度的下降。

然而，虽然社会保障资源的丰富将能够带来受访老人的主观生活质量的提高，但目前农村老人的社会保障资源还相对薄弱，他们不得不依靠个人劳动、子女赡养或其他保障资源。而由于农村老人也不愿意在经济上、生活上过分地依赖子女（这会降低他们的主观生活质量），继续劳作也就成了他们无奈的选择。

其次，自我保障与子女保障间存在较明显的此消彼长的负相关关系。具体表现为自我保障两指标与子女保障两指标间的相关系数为负，且劳动消费比与子女赡养金额、子女赡养消费比间的负相关关系在统计学上显著。这在很大程度上反映出农村地区代际支持的现状，即子女对父母的赡养往往只是老年人自我保障模式的补充。只有当老年人的个人劳动无法满足其基本生活需求时，才会转向依赖子女保障的养老模式。

最后，社会保障与自我保障之间并无明显的相关关系，但却对子女保障形成了一定替代作用。虽然调查中所有的受访老人都能享受到社会养老保障，但除了11位退休职工外，其余28位一般意义上农村老人所享受的新农保养老金待遇水平较低，尚不足以替代农村老人依靠个人劳动的自我保障模式。然而，社会保障指标却与子女保障指标间存在负相关关系，说明农村老人社会保障水平的提高未必使农村老人的生活水平、收入水平有很明显改善，而是在很大程度上减轻子女的养老负担。

四　结论与政策性讨论

前文分析表明，现阶段农村老人生活保障方式呈多元化趋势，其中个人保障、子女保障和社会保障是老年人晚年生活的三大支柱。

以个人劳动为主要内容的个人保障是现阶段覆盖范围最广、保障程度最高的生活保障方式，但在以个人保障为主的生活保障方式老年人的主观生活质量评分却相对较低，说明很多农村老人在60岁后仍继续劳动也是一种不得已的选择。

子女的赡养和照料对老年人晚年生活的保障有不可替代的作用，但随着社会经济的发展，该种保障有逐渐弱化的趋势，子女保障功能越来越多地作为个人保障的补充而发挥作用。那些低龄且身体较好的老年人通常单独生活、独立劳动，依靠劳动收入来维持生活，子女在适当的时候给予一些帮助；老年农民只有劳动收入不足以维持生活时，才转向完全依赖子女，并且当他们较多地依赖子女保障时，会观测到其主观生活质量的下降。

社会保障资源的丰富能有效提高农村老人的主观生活质量。从调查情况看，社会保障在老年生活中的作用日益凸显，但总体来看依靠养老金为主的社会保障养老模式还未能成为农村主导的养老保障模式。虽然新农保制度已经在2012年实现了地区全覆盖，但其“保基本”政策目标决定了新农保养老金很难满足老年人的养老经济需要。因此，无论是从改善农村老人客观生活质量还是提升其主观幸福感的角度来说，政府都应该将逐步提高新农保养老金保障能力。同时，一个值得注意的现象是，不论是普惠式的新农保养老金还是农村退休老人的退休金，其政策初衷是为老年人增添一笔稳定的收入从而改善其生活质量，但事实上却形成了对子女保障的替代，甚至成为一些子女推卸赡养义务的借口。这一研究结论表明，社会保障仅仅是提高老年农民生活的必要条件，而不是充分条件。在不断完善农村社会保障制度、提高保障水平的同时，有必要采取相应的激励和约束措施来改进代际之间的关系。

第七章

农村老年人口的社会联系

社会联系是衡量生活质量的重要指标。社会联系的内涵十分广泛，本章主要分析老年农民的社会参与和社会支持，以及它们与主观生活质量之间的关系。

一　社会参与

社会参与是指社会成员以某种方式参与、干预、介入公共事务。以村民自治为核心的农村基层民主是我国最直接、最广泛的民主实践。我们从村委会选举与村公共事务决策两个维度来考察老年农民在这一民主实践中的参与状况和参与程度。

（一）参与村委会选举

在村委会选举方面，我们设计了“您是否知道最近一次选举的时间”“是否参加了选举”“是否愿意参加选举”等若干问题。问卷的统计结果表明，老年农民有很强的参与选举积极性。在 39 名老年人中，有 37 人知道最近一次村委会选举的时间，只有 2 人表示自己“不知道”。39 名老年人中，有 36 人参加了选举，有 2 人表示自己没有参加，但家里有其他人参加了选举；只有 1 人表示其本人和家庭中的其他成员都没有参加选举，其原因是在选举的时候，家里人都没有在家。对于参加村委会选举的意愿，39 名老年人中有 36 人表示自己“愿意参加”，2 人表示“无所谓”，只有 1 人表示“不愿意参加”。

（二）参与公共事务

在参与村庄公共事务方面，我们设计了“您是否知道村里最近一次公共事务讨论的时间”“您是否参加了”“是否愿意参加”等若干问题。统计结果表明，老年农民参与村庄公共事务比例较低，参与深度不足。在 39 名老年人中，知道村里最近一次公共事务讨论时间的只有 11 人，占 28.2%。参加村里公共事务的讨论和决策的只有 7 人。但是，老年农民不知道村里公共事务讨论的时间以及没有参与公共事务的讨论，并不表明他们不愿意参与。实际上，老年农民仍然有较强的参与意识。对于是否愿意参与村里公共事务这一问题，39 名老年人中，持“无所谓”的有 5 人，“不愿意参与”的有 7 人，其余 27 名老年人都愿意参与。我们在进行农户问卷之前，曾经担心老年农民是否理解什么是“村庄公共事务”这一概念。在后来的调查中发现，几乎所有的农民都知道这一概念，有的农民还能举出很多例子（如修路、修渠、防洪等）。这个案例也可以在一定程度上反映老年农民对参与村庄公共事务的重视。

概括来说，对比老年农民在村委会选举与在公共事务决策中的参与情况，可以看出，老年农民在村委会选举中的参与程度显著高于其在村庄公共事务中的参与程度。多数老年农民失去了对村庄公共事务的知情权和决策权（见表 1）。但他们内心具有较强的参与意愿。

表 1　　39 名老年农民在村委会选举和公共事务中的参与状况

	知道的人数	实际参与的人数	愿意参与的人数
最近一次村委会选举	37	36	36
最近一次公共事务	11	7	27

二　社会支持

社会支持是指人们得到来自他人的关心和支持。人们所能得到的社会支持体现了其拥有的社会资源、社会资本，并可能对其主观生活质量和客观生活质量产生直接的影响。从社会支持的来源角度看，社会支持包括家庭支持、朋友支持、邻里支持等。我们试图从资金支持和实物或行为帮助两个方面来考察老年农民的社会支持资源状况。

在资金支持方面，问卷设计的问题是“在您急需用钱而您又没有钱的情况下（小额，比如说 1000 元以下），您觉得您是否能借到钱?”“如果能，谁会借给您钱?”这一问题的备选答案包括：①家族里的长辈；②父母和兄弟姐妹；③其他亲戚；④邻居；⑤朋友、同学；⑥村里能人大户；⑦村干部；⑧老家在村、现在城里当干部、办企业、做生意的人；⑨网友；⑩同事工友；⑪儿女。调查结果是，39 名老年人中有 37 人表示在急需用钱时能借到钱，只有 2 人表示借不到钱。这 37 名老年人共选择了 58 个可以借钱给他们的借钱对象。其中父母、子女及其他亲戚共计 28 个；邻居 13 个；同学、朋友 16 个；其他的借钱对象有 1 个。

在实物或行为帮助方面，问卷设计的问题是在“您有急事需要帮助的情况下，您觉得是否会有人帮助您?”“如果有，谁会帮助您（多选）?”（备选答案与借钱来源相同）。调查结果是，39 名老年人中，有 35 人给出了肯定性回答，只有 4 人认为自己得不到其他人的帮助。这 35 人给出了 56 个可能给他们帮助的求助对象。其中父母、子女及其他亲戚的共计 28 个；邻居 12 个；同学、朋友 13 个；村干部 2 个；村里的能人大户 1 个。

上述调查结果在一定程度上说明了老年农民自我认定的社会支持网络较为广泛，显示了老年农民对家庭支持的有效性具有较高的信心，以及村落共同体在邻里和社区互助中作用的弱化。

但从实际情况看，老年农民得到来自家庭的支持并不多。在被调查的 39 名老年人中，有 9 人没有子女，5 人有 1 个子女，12 人有 2 个子女，13 人有 3 个及以上子女（见表 2）。70% 的受访老人表示，子女每年会给他们一定数额的钱（或实物）；2011 年，每个老年农民平均得到的数额为 4589. 5 元。但是，相当比例的老人实际并未获得子女的经济供养。在有子女的 30 位受访老人中，36. 6% 的老人没有得到子女的任何经济支持。而且，有 56. 7% 的老人表示，他们会给子女一些钱，当子女经济困难、债务危机时要分担其经济重担。

表 2　　　　老年人口拥有的子女数量

	子女数		儿子数	
	计数	占比	计数	占比
0	9	23. 10%	10	25. 6%
1	5	12. 80%	18	46. 2%
2	12	30. 80%	9	23. 1%
3 个及以上	13	33. 30%	2	5. 1%

从社会支持的内容看，老年农民得到子女日常照料和精神慰藉方面的支持更加不足。按照与子女联系的紧密程度，我们将受访老人的生活方式从居住独立性和经济独立性两个维度进行划分。统计结果显示，受访老人生活的独立性较高，特别是在经济上，77. 4% 的受访老人保持了经济独立。从居住独立性上看，58. 1% 的受访老人目前单独生活（见表 3）。老年人生病时，48. 7% 是靠老伴照料，

子女照料的比例仅占23.0%。

表3　　老年农民的生活方式

	人数	占比
与子女共同生活，经济不分开	7	22.6%
与子女共同生活，且经济分开	6	19.3%
单独生活	18	58.1%
有效样本	31	100.0%

三　社会联系与主观生活质量

（一）社会支持与老年人主观生活质量

作为生活在社会中的个体，社会支持网络对其主客观生活质量是至关重要的。一方面社会支持网络关系着个人防范风险、应对不安全的能力，另一方面也关系着个人情感交流的需求能否得到满足。虽然绝大多数老年农民自我认定的社会支持网络较为广泛，但仍有个别老年人对自己在遭遇困难时能获得的帮助并不乐观，这种认知也在一定程度上影响了他们的生活满意度和主观幸福感评分。受访者中，4位自认为在有困难时得不到帮助、借不到钱的老年人其主观生活质量评分只有7.5分，显著低于同村老人该指标平均得分，其中两位老人主观生活质量评分只有5.5分。例如75岁的孤寡老人郑井云身体状况较差，患有低血压、心跳过速等慢性病，已无法从事生产性劳动，属于村内低保对象，每月140元的低保金就是其主要生活来源。由于早年丧妻，膝下又无儿无女，郑井云一直独自生活，内心常感孤独，并有深深的不安全感。遇到困难或急需用钱时，郑井云感到找不到人可以寻求帮助，而他最大的心愿就是“能跟左邻右舍处好，年老了人家也能帮点忙”。在缺乏社会支持的情况下，郑老汉的主观生活质量评分（5.5分）远低于同村平均水平，甚至也低于村内其他身体状况较差、经济状况较差的老人，可见郑老汉与他人主观生活质量上的差距在很大程度上正是源自缺乏有效的社会支持。

（二）子女数量与老年人主观生活质量

子女是老年人晚年生活的重要依靠，也是老年人社会关系中极其重要的组成部分。长期以来，“多子多福”的传统观念得到人们地广泛认可，特别是家中儿子的数量更是受到极大的重视，“养儿防老”的观念深入人心。似乎子女数量越多、儿子数量越多老年人的生活就会越幸福。这种传统思想的形成和延续与农耕社会以男性为主要生产力的生产方式密切相关，但是随着时代的发展和转型，子女支持对农村老人主客观生活质量的影响都已悄然发生变化。

表 4　　子女数量与老年人主、客观生活质量

	子女数	儿子数	女儿数
赡养金额	0.400* (0.014)	0.265 (0.113)	0.357* (0.03)
主观生活质量	0.053 (0.748)	-0.064 (0.698)	0.158 (0.338)

注：*表示在0.05水平（双侧）上显著。

表4反映的是不同数量、不同性别结构下子女对老年人主、客观生活质量的支持情况。子女数量、结构与主观生活质量的相关分析表明，子女数量的增多并未显著提升老年人的主观生活质量，甚至儿子数量的增多还会导致农村老人主观生活质量的下降。目前，按照多数农村地区的传统，婚娶费用如建房、聘礼等主要由男方承担，家中儿子越多，父辈经济压力也就相应越大，进而造成其主观生活质量的下降。

子女数量、性别结构的差异不仅对老年人主观生活质量造成不同的影响，更对农村老人所能得到的客观经济支持有明显影响。与受访老人得到的子女赡养金额的相关性分析表明，子女赡养金额与子女数量显著相关，子女数量越多，老年人得到的子女经济支持也就越多；如果将儿子和女儿对父母的经济赡养分开来分析则发现，女儿数量与老年人得到的赡养金额存在显著的正相关关系，儿子数量与赡养金额的相关关系却不显著。事实上，我们在调查中也发现，随着农村青壮年劳动力的外出务工，较之家中的儿子，能够更多地担负起照顾父母责任的反而是外嫁的女儿。这一现象值得引起我们对“养儿防老”现实意义的重新思考。养儿防老隐含的假设是，儿子和儿媳都有赡养父母的意愿。但很多老年农民说：“儿子还可以，但媳妇当家，儿子得听媳妇的。”在调查中了解到，80%的家庭由女性当家，女性在社会和家庭中的地位提高了，女性在家庭中的权利超过了男性。多数父母为了孩子的婚事花费了很多；有的男子青年时期娶不到妻子，到中年才讨到老婆。因为担心家庭破裂，男性对老婆百依百顺，一切由女人说了算。而且，当地的传统是男主外、女主内。受访老人所在家庭中，53.8%的男性劳动人口（即儿子）都因外出务工每年在家居住时间不超过3个月，其平均在家居住时间仅为5.9个月/年；而73.3%的女性劳动人口（即儿媳）则全年在家，其平均在家居住时间为每年10个月。男性主要在外打工，挣钱养家；照料父母的义务落到了媳妇肩上，媳妇的赡养行为具有决定性作用。当地俗语“10个好儿子顶不上一个好媳妇”，生动反映了媳妇在赡养父母中的重要性。法律上，儿媳对公婆并没有法定的赡养义务。在坡岭村的受访老人中，有1人曾因赡养问题与子女发生过纠纷（林柳山）。这位老人曾经找过村干部来解决矛盾，但并未解决问题，即便如此老人也没有到法院去起诉子女，因为“儿子是愿意拿钱的，但儿媳不愿意，如果去找儿媳，就会得罪亲家”。

目前的农村老年人大多有多个子女。从逻辑上说，如果儿媳不履行赡养义务，老年人可以转而依靠女儿。在调查中了解到，这种情况已经相当普遍，女儿对父母的物质赡养行为越来越突出。70%

的受访老人表示，生活中子女会给自己一些钱（或实物），平均金额为4589.5元/年，其中有相当部分都来自女儿。尽管在我国农村传统中，女儿对父母的养老不是固定和约定俗成的，在分家形成的协议中并未将照顾父母的经济责任分配给她们，但大多数已婚女儿对父母的经济养老程度并不低于儿子，只是表达方式各有差异，比如以家电、营养品、衣服等实物代替金钱的物质赡养形式就相当普遍。但是，传统的力量仍然在发挥作用，女儿养老表现在“暗处”，老年人还必须与儿子、儿媳生活。

（三）代际互动与老年人主观生活质量

子女对老年人的支持除了表现在经济赡养上，还表现在对老年人生活的照料上。随年龄增长，老年人的生理、心理和社会功能都在逐渐衰退，社会活动和外界交流必然逐渐减少，这时来自家庭特别是子女的照料和支持就显得尤为重要。

表5　　代际互动与主观生活质量

		样本数（个）	主观生活质量（分）
单独生活	无子女	9	8.17
	有子女，低频联系	9	8.19
	有子女，高频联系	8	8.58
	小计	17	8.32
共同生活	经济分开	6	7.83
	经济不分开	7	8.36
	小计	13	8.12
合计		39	8.22

坡岭村老年人的居住方式表现出越来越强的独立化趋势，这种独立性在一定程度上增进了农村老人的主观生活质量。虽然从理论上说，与子女共同生活的老年人能够得到子女更多的支持和更好的照料，从而其主观生活质量也应该更高，但实际却恰恰相反，如表5所示，单独居住的老年人主观生活质量反而比子女共同生活的老

年人高了 0.2 分。这并不是因为子女不够孝顺，而是因为一方面老年人也需要属于自己的独立生活空间，另一方面两代人在生活习惯上有客观存在的差异，许多老年人表示“和年轻人吃不到一块去”，共同生活容易因生活琐事引发摩擦。

与子女共同生活或是提高与子女的联系频率，以及得到子女经济上的赡养，可以提高老年人幸福感，或可以增进老年人的主观幸福感，但是从提高老年人主观幸福感的角度看，与子女共同生活似乎并不是最优的养老生活方式。

居住安排是老年人晚年生活的重要内容。实证研究发现，与子女共同生活并不是最理想的居住安排模式，独立的生活空间对提高老年人主观幸福感也是十分必要的。这并不是因为子女不够孝顺，而是两代人在生活习惯上有客观存在的差异，许多老年人表示“和年轻人吃不到一块去”，共同生活容易因生活琐事引发摩擦。

但是，老年人倾向于拥有独立的生活空间并不意味着他们不再需要子女的生活上的照料和精神上的慰藉，更不意味着子女就可以对父母不管不问。特别是考虑到突发疾病或意外状况的发生，独居老人无疑面临着更高的风险，因而更为理想的居住安排模式是老年人拥有独立的居所，并能时常与子女保持联系、互动。统计数据表明，单独生活且子女与其联系频率较低（指与子女联系频率为每月至少一次或没事不联系）的受访老人，其主观生活质量与没有子女的老人几乎无明显差异；而单独生活且与子女联系频率较高（指与子女每天都联系或每周至少联系一次）的受访老人主观生活质量（8.58 分）最高。

如果以农村老人的主观生活质量为评判标准，那么与子女共同生活但经济上相互独立无疑是最差的代际互动模式。同一个屋檐下的“分灶吃饭”让老年人自觉不自觉地将自己的生活与子女相对照，从而产生较强的相对剥夺感，严重降低了其主观生活质量。

第八章

居家养老服务的现状与问题

近年来，由于国家一系列惠农政策尤其是最低生活保障制度、五保制度及新型农村社会养老保障制度的实施和保障水平的不断提高，农民的收入保障能力有了较大程度的提高。但是，农民的养老问题并不仅仅是收入保障，而是包含生活照料、精神慰藉等多方面的内容。目前，国家在政策导向上鼓励农村社区建立居家养老服务站，向社区内的老年农民提供生活照料和精神慰藉服务。坡岭村是姜堰市较早开展居家养老服务的农村社区。本章试图分析坡岭村开展居家养老服务的背景、做法和存在的问题，并就如何进一步促进居家养老服务业发展问题提出相关的政策改进。

一　开展农民居家养老服务的背景

（一）居家养老是适应农村老年人生活习惯和心理特点的养老方式

一般来说，农民养老的方式包括居家养老和在养老机构养老两种类型。长期以来，家庭养老是我国农民的主要养老方式，并得到农民的充分认可。在问卷调查中，对于“生活不能自理情况下，您是否愿意入住敬老院、养老院等养老机构”这一问题，在39名被调查老年人中有38人回答了该问题。其中有10人表示愿意到养老院生活，有5人回答说还没有想过这个问题，其余的23人明确表示不愿意去到敬老院生活。这一数据表明，目前的老年人农民更偏爱在家里度过老年生活。

农民不愿意入住敬老院、养老院的原因是多方面的。在问卷调查中，我们给出了5个原因，分别是：（1）在敬老院、养老院的生活不自由；（2）不愿意离开自己熟悉的环境；（3）容易被人瞧不起；（4）害怕子女遭受非议；（5）其他（请注明，这是一个多选题）。

有30人选择了“在敬老院、养老院的生活不自由”。农村敬老院、养老院的硬件设施较差、功能不完善、整体服务水平较低，基本停留在只能为供养对象提供居住的地方，这仍处于一种极其简单的服务阶段。

有35人选择了“不愿意离开自己熟悉的环境”。农村老年人的家庭观念比较牢固，地缘文化思想浓厚，重视街坊邻里的情感和联系，对农村有较强的归宿感、认同感和依赖感。而住在养老机构中的老人由于远离自己生活过的街区，平时难以与亲人见面，心理易产生一种被家人和社会冷落的孤独感和忧伤感。老年人在自己长期生活过的环境中养老，熟悉的环境能帮助他们保持原来的生活习惯，经常与亲朋好友、熟人见面也能使老年人精神愉悦。

有20人选择了“害怕子女遭受非议”；有25人选择了“容易被人瞧不起”。他们认为去养老机构养老会丢子女的面子让人笑话或者令儿女不高兴，因为在他们眼里养老机构都是无儿无女老人的归宿或是那些有残疾没有自理能力的、儿女没有时间照顾的老人的选择。

也有的老年农民说，即使想去敬老院、养老院，也不会被收留。据调查，姜堰市及梁徐镇均重视乡镇敬老院建设，但其覆盖面甚小，只收留生活不能自理的五保户。

尚未进入老年阶段的农民也排斥机构养老。32 名调查对象的平均年龄为 48 岁，其中女性 19 人，男性 13 人。调查结果显示，对于年老后的生活方式意向，13 人（40.6%）选择自己生活；7 人（21.9%）选择和子女一起生活；6 人（18.8%）选择了“还没有考虑过这一问题”；6 人（18.8%）选择了“看情况”。在这些被调查对象中，没有人考虑到养老院生活（见图 1）。

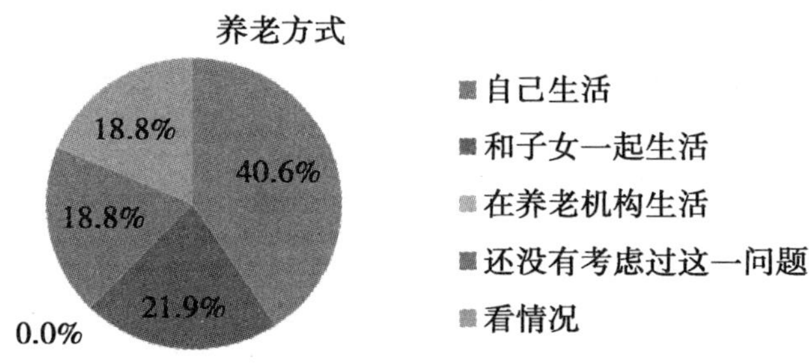

图 1　年轻农民的养老方式意愿

上述调查结果反映，居家养老是适应农村老年人生活习惯和心理特点的养老方式。除非在万不得已的情况下，农民不愿意在敬老院、养老院等养老机构度过自己的晚年生活。而且，即使农民愿意入住敬老院和养老院，他们的这一愿望也难以实现。由政府兴办的免费敬老院、养老院只接收一部分“三无”的五保户，不接受其他农村老年人。而收费性的敬老院和养老院，一般农村老年人又“住不起”。

（二）农村人口和家庭结构的变化使得农民居家养老面临严峻挑战

尽管农民偏爱居家养老，但在社会转型的背景下，这种养老方式面临着很多挑战。

1. 老年农民在从事农业生产活动中存在一些困难

农民没有退休的概念。只要身体允许，他们即使已经超过了 60

岁，也仍然会继续参加劳动。在所调查的 39 名老年农民中，仍然从事劳动的有 33 人，劳动参与率高达 74.4%。随着坡岭村农村青壮年劳动力越来越多地进城打工，老年农民和妇女已经逐渐成为从事农业生产的主体。据统计，坡岭村共有 702 户，2244 人，其中劳动力 1092 人。在农村劳动力中，常年在外（乡镇之外）的劳动力大约 596 人。这些外出劳动力中的绝大多数仅仅在逢年过节时回到坡岭村，在农忙时节也不会为了帮助家里干农活而返回。

老年农民极高的劳动参与率与其经济状况有直接关联，继续劳动是老年农民维持其正常生活条件的手段。第一，老年农民的积蓄较低，从子女及集体得到的钱或实物极其有限甚至完全没有。第二，新农保的待遇偏低。2012 年，坡岭村的老年农民每月只能得到 70 元的基础养老金。第三，老年农民对土地和劳动有特殊的情感，在不到万不得已的情况下，并不会把土地流转出去。

从可能性看，随着农业机械化水平的不断提高，农业生产的劳动时间和劳动强度大大减弱，从而使得老年农民能够胜任一般性的农业劳动。但不能忽视的问题是，那些高龄及体弱多病的老年人在从事农业生产中会遇到很多困难，在农忙时节这种困难就显得尤其明显。这种情况就产生了对农业生产服务业的需求。

2. 老年农民的生活照料和精神慰藉问题日渐突出

近年来，随着经济及农村社会保障事业的快速发展，农民养老的经济来源问题在一定程度上得到了缓解。坡岭村因为地处我国社会经济发展前沿的江苏省中部地区，老年农民生活的经济来源问题并不严重。但养老问题不仅包括经济来源，还包括生活照料和精神慰藉两个方面的内容。目前，坡岭村老年人口在养老中的这两个问题越来越突出。第一，随着计划生育政策的实施，目前老年人中已经有一定比例只有 1 个孩子。坡岭村总人口 2418 人，其中 60 岁以上的老年人 591 人，占全村总人口的 24.4%，老龄化程度居梁徐镇之首。两个独生子女组成的家庭就需要承担四个老人的养老责任，从而也就不可避免地形成一对老年人单独生活的空巢现象。第二，农村青壮年劳动力大量外流，进一步加剧了农村老人空巢化的程度。第三，即使农村的老年人口有多个子女且这些子女也仍然在本村生活，但在家庭结构核心化趋势的背景下，很多农村老年人依然单独生活。第四，在传统农村，照料老人通常由女性承担，但随着女性劳动参与率的提高，其照顾老年人的精力受到了限制。在调查中发现，坡岭村妇女因为在厂里打工而无法照料老人的现象十分普遍。另外，农村中还有一定数量的“三无老人”。

为了解决农村老年人的生活照料和精神慰藉问题，除了大力发展机构养老，还可以通过发展居家养老服务业，为居家的老年人提供生活照料、家政服务、康复护理和精神慰藉等方面服务，从而解决农民居家养老所面对的困难与挑战。

（三）居家养老服务业得到了政府政策高度重视

2008 年，全国老龄委办公室、国家发改委等 10 个部门联合发出“关于全面推进居家养老服务工作的意见”，提出“积极推动居家养老服务在城市社区普遍展开，同时积极向农村社区推进”。在“十一五”期间，“农村社区依托乡镇敬老院、村级组织活动场所等现有设施资源，力争 80% 左右的乡镇拥有一处集院舍住养和社区照料、居家养老等多种服务功能于一体的综合性老年福利服务中心，1/3 左右的村委会和自然村拥有一所老年人文化活动和服务的站点”。

江苏省人口老龄化速度快、程度高，人口流动就业还导致空巢老人的比例不断上升，社会养老服务需求呈快速上升趋势，老年人生活照料、医疗健康、精神文化等需求日益增加，养老服务问题日趋严峻。为适应社会对养老服务不断增长的需求，从 2005 年开始，江苏省就把发展养老服务作为老龄工作的重要内容，省级政府出台很多涉及养老服务的法规政策，在居家养老、社区支持、机构建设等方面做了大量卓有成效的工作。《江苏省“十二五”老龄事业发展规划》提出，“建立以居家养老为基础、社区服务为依托、机构养老为支撑、信息服务为辅助的社会养老服务体系。城市社区居家养老服务中心（站）实现全覆盖；农村社区（村）居家养老服务中心（站）建成比例苏南达到 90%、苏中达到 80%、苏北达到 70% 以上”。2012 年省财政预算安排社会养老服务体系建设资金 4 亿元，加大对公办民办养老机构、社区居家养老服务中心建设支持力度，新增养老信息系统建设、养老服务人员培训、农村小型老年互助式集中居住区建设项目。一是对省补地区的 380 家敬老院，统一添置洗衣机、冰柜、电视以及其他生活设备，每家敬老院补助 8 万元。二是对新建社区居家养老服务中心建设每家给予 1 万—1.8 万元的补助，对省级示范性居家养老服务中心每家给予 10 万—15 万元的补助。三是加快各类养老服务机构建设，力争养老机构床位数达到每千名老年人 24 张以上。到 2012 年底，所有市、县（市）建有一所床位数分别为 300 张、150 张以上的示范性公办养老机构，省级财政对符合条件的公办养老机构按照每张床位 3 万元的标准给予补助，最高补助额为每家 750 万元；落实支持社会力量兴办养老机构的扶持和优惠政策，对符合条件的民办养老机构按照每张床位 0.2 万—0.3 万元的补助；加快养老服务网络平台建设。四是切实保障困难老年人生活。落实农村五保标准增长机制和城市“三无”老人供养保障制度，使城乡困难老年人基本生活不低于当地居民平均生活水平。

姜堰市政府高度重视居家养老服务事业，并把建立居家养老服务站作为推动居家养老服务事业的重要抓手。姜堰市政府“关于推进城乡一体社会化养老服务体系建设的若干意见”指出：2012 年前，60% 的城乡社区建立机制健全、功能完善、服务规范的“居家养老服务站”。“农村社区居家养老服务站的日常工作经费按每站每年 3000 元的标准，由各镇财政负担。”“建立财政投入自然增长机制，力争到2012年，每站财政补助经费不低于1万元。提倡有条件的村（居）对居家养老服务站实施补助，提升服务水平。”

二　建立居家养老服务站的探索

基于上述背景，坡岭村从2010年开始探索建立农民居家养老服务站。

（一）建立居家养老服务站的过程

坡岭村居家养老服务站是由村老年协会演变而来的。林良顺介绍说，坡岭村村民刘荣俊曾任梁徐镇文化站站长和镇林场的场长。其退休后回到了坡岭村生活，建立了村老年协会，把自己家的房屋作为活动场地并免费提供茶水，邀请村里的老年人聚集在一起活动。2006年，村里接管了老年协会，并提供了专门的场地，成立了老年活动中心，老年人可以聚集在一起聊天、打牌。但是，这种方式并不能解决村里无子女、无生活能力及无经济来源的“三无老人”、空巢老人及独居老人的生活照料问题。而在这个时候，姜堰市出台了相关政策，鼓励各村建立居家养老服务站，向本村的老年农民提供居家养老服务。时任坡岭村村长的林怀喜积极响应，委派林良顺专门负责建立居家养老服务站的工作。

据林良顺介绍，在准备建立居家养老服务站的起始阶段，他对居家养老服务的认识“模棱两可，不知道干什么”，于是就上网搜寻其他地方建立居家养老服务的资料。同时，借梁徐镇派出所进行户口统计之机，建立了坡岭村老年人档案，从而知道了村里老年人的基本情况及其对居家养老服务的需求。但是，接下来的核心问题是谁来提供居家养老服务。林良顺说，这是最发愁的事情。由于坡岭村基本上属于空壳村，由村里向服务人员支付报酬的方式就行不通了。同时，在初始阶段，有偿服务的方式也难以被服务对象所接受。在这种情况下，林良顺以及其他坡岭村的干部考虑采取由志愿者无偿服务的形式。这就又出现了志愿者从哪里来的问题。为了解决这一问题，村里向全体村民发了公开信，召集志愿者，同时也把需要照顾的70岁以上老人的分布情况公开。出乎林良顺等村干部想象的是，村里竟然有7人报名，其中2个是退职干部、1个是退休教师、4个是村民代表。于是，这7人就成了坡岭村居家养老服务站的首批志愿者。

（二）服务对象

2012年，坡岭村共有60岁以上的老年人591人，其中52名老年人属于居家养老服务站的服务对象。这些老年人主要是“三无老人”、独居老人和空巢老人。服务对象由村干部、村民代表、老党员等共同讨论确定。

（三）服务内容

坡岭村居家养老服务站的主要服务内容包括三个方面。一是家政便利服务。主要包括为老年人提供洗衣、做饭、代购物品、洗浴、理发等方面的服务。按照规定，志愿者每天必须去家里看望一次老人；志愿者每半个月应带老人去洗一次澡，洗澡的费用由坡岭村支付，有时由志愿者支付。二是医疗保健服务。主要是陪同老年人看病检查、煎药、康复锻炼、打针服药等方面的服务。按照规定，老年人每三个月必须检查一次身体。三是代耕服务。代购代销、干农活，如果需要劳动力，村里联系劳动力。

三　居家养老服务存在的问题

坡岭村居家养老服务回应了“三无”以及独居、空巢老年农民所共同面临的老年生活照料问题。但从总的情况看，坡岭村的居家养老服务仍然处于探索性的起步阶段，存在不少问题。

（一）服务提供能力与老年农民的服务需求有较大差距

1. 服务内容少

农村老年人服务需求的内容是多方面的。目前，坡岭村居家养老服务站所提供的服务内容仅仅局限于家政服务、陪同看病以及帮助干农活等老年农民最迫切的几个方面。老年农民同样有较强需求的服务项目，如紧急求救、求助服务、文化娱乐、精神慰藉、心理咨询、司法服务，均尚未开展。

2. 养老服务的覆盖面小

坡岭村居家养老服务的服务对象限定在“三无”、独居及空巢老年人口，其中尤以“三无”老人为主。这种服务对象选择性的合理性是显而易见的，因为这些老年人对服务的依赖性更强。但应该看到，其他老年人也有对养老服务的需求。在调查中了解到，由于他们的这一需求没有得到满足，从而导致他们对村干部颇有怨言，对村里的居家养老服务工作不认可。

志愿者人数少、服务提供能力低是形成上述现象的直接原因。坡岭村居家养老服务站没有专职的服务人员，而是依靠 7 名兼职的志愿者进行服务。而且，这些志愿者的年龄偏大。7 人的平均年龄为 57 岁。其中有 4 人的年龄已经超过了 60 岁，其中年龄最大的郑双元 71 岁，林良高 65 岁。7 人中年龄最小的周亚兰出生于 1972 年，也已经过了 40 岁。尤其值得注意的是，这些志愿者都是兼职的，从事居家养老服务的精力和时间都受到了一定限制。从而进一步降低了服务提供能力。以志愿者郑井龙为例，他的服务对象是两个村民小组中 6 个老年人，每个月从事居家养老服务的时间大约 30 多个小时。郑井龙做志愿者的目的就是想做点善事。但郑井龙也说，他是家里的顶梁柱，压力很大，要干农活、做家务，还要照看 90 多岁的父母，不可能把太多的精力放在居家养老服务上。郑井龙种了10亩地，每年劳动时间大约5个月。而且，郑井龙的身体并不好，他患有高血压、高血糖，比较容易累，经常需要依靠药物或医疗的帮助才能进行日常生活。

3. 服务技能低

随着农村生活条件的不断改善，农村老年人对自身生活质量的要求不断提高，对高素质的专业服务人员的需求也将日益迫切。而目前的服务人员的业务技能仅仅局限在生产料理和家政服务，难以应对不同层次、不同特点老人的多样需求。林良顺介绍说，老年人特别需要医疗服务，但已有的志愿者中缺乏专业医疗人员，从而只能依靠村卫生室的村医给老年人进行体检和其他卫生服务。而这种做法并不利于老年人口获得便捷的医疗卫生服务。其原因是村卫生室的业务量比较多，难以抽出专门的人员为老年人服务，而且受路途远以及身体不便等因素的影响，有的老年农民不愿意到村卫生室进行体检。

（二）缺乏资金可支撑性

为了建立居家养老服务站，坡岭村花费了10多万元。由于村里没有集体收入，这些钱都是村干部垫资或欠债。村干部介绍说，上级比较重视和支持居家养老服务站建设。2012年，坡岭村的居家养老服务站被评为3A级，按照规定可以得到10多万元的奖励，从而使得垫资和欠债得以化解。

但是，坡岭村居家养老由于服务站缺乏日常运行经费，从而被迫依靠志愿者无偿提供服务。从某种意义上说，这种做法具有可行性，因为农村中有一些不在乎报酬而甘愿奉献的人。郑井龙就是其中的一个典型。他说，“从上小学开始，老师就教育我们要多为他人做好事，父母也一直是这样教育的。自己做的任何事，将来都会成为历史，后辈人会给出评价。做善事，后人就会给出好的评价。左邻右舍做点事，心里就会舒服点。当志愿者是否有报酬是无所谓的。不要讲报酬，讲报酬就没有意义了。再说了，家里也不缺这个钱”。郑井龙的父亲当过教师，每月退休金2560元。郑井龙的爱人，60岁，在其55岁的时候就可以享受农村社会养老保险待遇（老农保），现在每月能得到140元的养老金。他的两个儿子都在西藏工作，搞销售，两个儿媳妇在姜堰市工作，收入也较为可观。但是，郑井龙也强调，“并不是每个人都有这样的想法。如果政府确实想把这件事情做好，应该提供一些经费，给志愿者相应的报酬，增强他们从事养老服务的积极性”。

坡岭村的干部也充分认识到了居家养老服务站薄弱的服务队伍和服务提供能力与经济激励机制缺失有直接关系。林良顺说，“居家养老服务站能否持续下去，关键看能否稳定住志愿者队伍。如果实在稳不住，就得靠村干部做志愿者”。但是，显而易见的是，村干部事务繁忙，可能难以有充足的时间和精力来担任居家养老服务的志愿者。

（三）规范、可操作的管理制度尚未建立

居家养老服务工作中不可回避的一个重要问题是志愿者与服务对象的关系。由于信息的不对称性，志愿者与服务对象之间存在相互信任的障碍。林良顺介绍说，尽管村里的志愿者的素质都很好，但一旦拿了服务对象的东西怎么办？如果好心提供服务却被诬陷为小偷，如何分辨？如果在服务过程中服务对象发生了摔伤、伤亡事件，如何界定责任？志愿者在给服务对象买代购的过程中，是否会贪污？可以预料，随着居家养老服务业的发展，上述问题将会成为影响居家养老服务可持续性的重要因素。

（四）居家养老的外部环境有待改善

良好的生活环境是农民愿意居家养老的前提条件。近年来，随着社会主义新农村建设的快速推进，坡岭村的道路、环境、社会治

安以及生活设施都有了一定程度的改善。从总体上看，农民对村里的自然环境、社会治安的满意程度较高。在采用十分制，1 分代表满意程度最低、10 分代表满意程度最高的自我主观评价中，38 名老年人对村里自然环境评分的平均分数为 7.42 分。但是，与城乡公共服务均等化以及“适宜居住”的要求相比，坡岭村还有相当大的差距。坡岭村的老支书林风华说：以前村里的垃圾都运输到固定的存放点，再拉出去，现在村里的环境不如从前了。显而易见的是，如果坡岭村的居住环境不能持续改善，农民居家养老的意愿就会降低，居家养老服务也就失去了存在的基础。

四　进一步完善农村居家养老服务的建议

（一）进一步加强对居家养老服务的重视

居家养老是农民最偏爱和能够满足他们多种需求的养老方式，也是社会成本较低的养老方式。但在人口和家庭结构变化的背景下，这种养老方式又面临着很多困难和挑战。为了应对和解决这些困难和挑战，政府的重视和支持性政策必不可少。支持居家养老服务业的发展就是诸多支持性政策中的重要内容。

在今后一个时期，可以行政村为单位，每个行政村均应建立居家养老服务站。政府应制定居家养老服务设施的标准。可以按照行政村的人口规模、老年人口规模以及人口居住集中程度等因素，设定居家养老服务设施的标准。

党和政府历来提倡各种类型的社会力量兴办农村养老机构。从当前的情况看，应重点支持农民专业合作社、慈善组织、村卫生室等已有的村级社会经济组织举办村级养老服务站，以便实现资源共享、互利共赢。在缺乏其他主体进入的情况下，可以由村委会或村集体经济组织承担建立村级养老服务站的兜底责任。

农村有大量闲散劳动力，可以从中吸引一些责任心强的人作为村级养老服务站的专职或兼职服务人员。在服务内容上，村级养老服务站应以老年农民的需求为导向，提供生活照料、餐饮服务、心理咨询、心理健康、医疗保健、文化娱乐、代订代购、网络购物等各种类型的服务项目。

根据老年农民年龄、身体状况、经济状况、生活习惯等方面的差异，村级养老服务站可以采取多种服务方式。一是老年农民仍然居家生活，当他们有服务需求，居家养老服务站就上门提供相应的服务。二是“朝至夕归”的日托服务，老年农民白天在居家养老服务站活动，居家养老服务站向他们提供服务。三是建立老年农民集中居住区，由居家养老服务站的服务人员提供各种服务。

应加强政府财政对居家养老服务业的支持，将农村居家养老服务工作经费列入当地年度财政预算，并实现逐年有所增长。政府对村级养老服务站的支持方式，一是按照行政村的人口规模、老年人口规模以及人口居住集中程度等因素，由县级行政单位设定居家养老服务设施的标准。之后，按照先建后补的方式，给予其一定比例的补贴。二是购买服务。根据村级养老服务站提供服务的数量及服务质量，由县乡政府向居家养老服务站购买服务。政府购买服务的顺利实施有赖于相关政策和制度的支撑，包括建立评估机制，对老年人的经济状况、自理生活能力等进行评估分级；对居家养老服务站的服务数量及质量进行跟踪、监督和评估；制定生活服务标准、养老护理标准、卫生医疗服务标准及服务效果评价标准，确定每类服务项目的服务价格等。

基于县乡财政能力低的现实，中央和省级财政可以设置建立村级养老服务站的专项转移支付。

（二）实行有偿服务与无偿服务相结合

服务形式多样化、服务对象公众化是农村居家养老服务业的发展方向。从现有的财力约束及提高资金使用效率的角度看，可以根据不同的服务对象实行分类管理。把无偿服务的对象锁定在没有经济能力且生活难以自理的五保老人、独居老人和空巢老人；向那些经济条件较好的空巢老人及一般老年农民提供有偿服务。

对于提供无偿服务的居家养老服务站，政府可以根据需要提供服务的数量及服务质量，向居家养老服务站购买服务。政府购买服务的顺利实施有赖于相关政策和制度的支撑。一是应建立评估机制，对老年人的经济状况、自理生活能力等进行评估分级；二是对居家养老服务站的服务数量及质量进行跟踪、监督和评估；三是制定生活服务标准、养老护理标准、卫生医疗服务标准，服务效果评价标准，明确服务项目，服务价格等。

（三）进一步促进农村环境整治和社会事业发展

农村居家养老服务站的有效运行有赖于农村环境和社会事业的发展。因此，应继续加强新农村建设，推进公共服务均等化的进程，真正使得农村成为适宜人们尤其是老年人口适宜居住的地方。在具体的政策措施上，应健全村级社会福利服务设施和公共活动场所，促进老年人的文体健身活动和文化生活；应把医疗服务和居家养老服务有机结合起来。

第九章

提高农村老年人口生活质量的政策选择

一　改善农村老年人口客观生活质量，增进农村老年人口幸福感

坡岭村老年人口生活质量表现出较明显的不均衡状况，其自评的主观生活质量水平较高，但客观指标的水平较低。社会比较倾向弱、仅仅以过往的收入和消费为参照系，以及对近年来国家惠农政策的认同和对未来的美好预期，是形成老年农民主观生活质量与客观生活质量差异的重要原因。

因此，政府在政策制定时，应看到农民较高的主观生活质量并不完全是由客观生活质量的改善所形成的，不应因为老年农民较高的主观生活质量而放松或忽视改善老年农民的客观生活质量。同时，由于老年农民较高的主观生活质量的形成与近年来国家的惠民政策以及对未来美好预期有直接关系，如果想继续保持以及提高老年农民的主观生活质量，也需要继续完善惠农政策，尤其是瞄准农村老年人口的惠农政策。

二 推动农村老年人口生活保障方式多元化

农民的福利和保障形式通常是混合的而不是单一的，社会养老保险与土地保障、家庭保障、商业保险等保障形式之间绝不是非此即彼的对立关系。从工业化国家的实践看，养老金只是老年农民生活来源的一部分，土地收益、个人储蓄性的商业保险等共同组成了老年保障的多个支柱。西方国家在将农民纳入社会保障体系的同时，也重视土地的保障作用及其他方式的保障，如采取措施帮助农民提高土地的收益，鼓励农民参加个人储蓄性质的商业保险，等等。为了提高老年农民的客观生活质量，应进一步推动老年农民生活保障方式多元化。

（一）提高新农保的保障水平

2009 年，国家推行新农保制度时所确定的基础养老金标准为每人每月 55 元。从保障农民基本生活的角度看，2008 年农民人均纯收入为 4761 元。55 元的基础养老金占当年农民人均纯收入的近 14%。2007 年国家的贫困线为 768 元，2008 年的贫困线为 1067 元。中央确定的 55 元基础养老金再加上地方政府增加的基础养老金，与国家的农村贫困线之间的差距并不很大。但是，2012 年，国家的贫困标准已经提高到了 2300 元，养老金的标准为每人每月 82 元，全年 984 元，是贫困线标准的 42.8%。我国的贫困线标准是按照马丁法计算的，实际上与食品消费基本一致。2012 年，全国农民平均食品消费支出 2324 元。从养老金与农民人均纯收入的关联看，2012 年，农民人均纯收入已经提高到 7919 元。按照 55 元的基础养老金标准，养老金仅占人均纯收入的 8.3%。按照 2012 年全国每人每月平均为 82 元的标准，全年人均领取 984 元，占农民人均纯收入的 12.4%。

除了需求依据，社会保障标准确定的另一个准则是公平。国务院指导意见指出，“国家根据经济发展和物价变动等情况，适时调整全国新农保基础养老金的最低标准”。但“适时调整”这一笼统、模糊的表述，不利于农民在参保时形成稳定的养老金标准的预期，从而降低其参保缴费的积极性，尤其不利于促使那些距离领取养老金时限比较长的年轻人参保缴费。《中华人民共和国社会保险法》提出“国家建立基本养老金正常调整机制。根据职工平均工资增长、物价上涨情况，适时提高基本养老保险待遇水平”。在新农保制度已经实现地域全覆盖的背景下，应建立新农保基础养老金的正常调整机制，根据需要和公平性原则，逐年至少两年发布一次新的标准。新农保基础养老金的保障水平应与国家的农村贫困线标准基本相当。

（二）建立有利于维护家庭保障的政策和制度

尽管家庭养老保障趋于瓦解，但即使建立了完善的农村养老保障体系，家庭的养老功能仍具有不可替代的地位；家庭养老保障也是成本较低的老年保障方式。政府应针对性地制定政策，建立符合时代特点的新型家庭养老保障制度。

应强化仁孝道德风尚和子女赡养义务的法律约束，对不履行赡养义务的子女进行严格的、可操作的惩戒。“养儿防老，积谷防饥”是农村地区传统的家庭养老模式。但是，在经济社会的过程中，家庭养老所依赖的尊老敬老的文化基础和经济基础都受到明显冲击，疏老、啃老甚至嫌老和恶老等现象的出现不容忽视，农村老年人日益处于被“边缘化”的弱势地位。尽管近年来农村社会保障制度的完善在一定程度上减少了老年人对子女的依赖，但家庭养老在老年人生活料理尤其是精神依赖等方面的作用是无法替代的。为了促进家庭养老功能的发挥，应该运用各种宣传教育手段，弘扬传统美德，形成尊老敬老爱老的文化自觉；加强农村普法教育宣传，强化子女赡养的法定义务对子女行为的约束，对拒绝抚养或者虐待老人的部分人群要给予法律的严惩；健全农村老年人法律服务与援助体系，为维护老年人合法权益提供及时的救济和保障。建立和完善老年社会保障和救助水平正常调整机制，逐步实现各项社会保障和救助标准提高幅度与经济发展速度、居民收入增长水平基本同步。

（三）完善社会救助制度

从调研的情况看，经济因素仍然是影响农村老年人生活质量尤其是主观生活质量的重要因素。社会救助制度因为可以改善老年农民的经济状况，从而具有增进老年农民生活质量的功能。而且，完善的社会救助制度可以降低农民对老年生活的担心和恐惧，可以降低农民对社会分配不公平的怨恨，从而促进老年农民生活质量的提升。

基于上述分析和农村社会救助制度建设滞后的现实，在今后一个时期内，应进一步完善农村最低生活保障制度，实现符合条件的老年人应保尽保、分层分类施保。同时，应健全临时救助制度，确保因各类突发事件导致生活困难的老年人得到及时救助。

三　满足农村老年人口多层次的需求

收入、消费等经济方面的指标并不能准确反映农民生活质量。随着老年农民经济条件的改善，在今后一个时期，提高老年农民生活质量的举措应从改善经济条件向满足老年农民全方位需求转变。

健康是老年人生活质量的核心和基础。调查显示，虽然受访老年人身体健康状况尚可，但多数老人都或多或少地需要一些药物维持日常生活，并且相当数量的老人长期受到慢性病的困扰。但是，许多慢性病药物并不在新农合报销药物范围之内，因此给许多老年人造成了沉重的经济负担，也导致部分老人有病不治而使病痛折磨加剧。针对老年人健康问题的特点，应该考虑提高新农合中老年人常用慢性病治疗药品的报销范围和比例，使农村医疗保障体系与老年人实际医疗需求更加匹配。确保将低保、农村五保老人和低收入家庭老人等全部纳入医疗救助范围，加大对经济困难老人参加医疗保障个人缴费部分的补助力度，对个人负担医疗费用有困难的老人，及时给予医疗救助，全面推行医疗救助即时结报，提高医疗救助效率。

老年人的文化娱乐及健身需求尤其值得重视。健康的含义不仅指身体的健康，老年人精神健康需求同样值得重视。调查结果显示，坡岭老人的精神文化生活较为匮乏，“聊天”“散步”“看电视”成了老年人日常娱乐的三大主题，“晴天站村头、雨天坐炕头、没事嚼舌头”仍是不少老人精神生活的写照。相较于身体的健康，精神健康状况对老年人的主观生活质量有更为直接的影响，但精神健康问题在日常生活中的表现却较为隐性，因而极易为人们所忽略。特别是在经济社会转型的过程中，城镇化引发的农村留守老人的精神赡养问题、现代住宅方式造成的老年孤独问题等使得农村老人的精神需求问题更加凸显。在这样的背景下，一方面应强调传统孝文化以及尊老敬老等社会美德发扬；另一方面要致力于丰富老年人文化娱乐生活，健全老年人公共文化体育设施的配套，鼓励老年协会等组织发展，以及加强对空巢老人、五保老人等特殊群体的精神关怀。

在满足老年农民需求的供给方式上，应逐步发展农村社区福利和社区服务事业，完善农村居家养老服务体系。居家养老是适应农村老年人生活习惯和心理特点的养老方式，也是社会成本较低的养老方式。但在人口和家庭结构变化的背景下，这种养老方式又面临很多困难和挑战。从坡岭村居家养老服务的发展过程中看，服务提供能力不足、资金缺乏可支撑性、管理制度不完善等问题都是农村社区居家养老服务发展的制约因素。为了破解上述难题，应该加强政府财政对居家养老服务业的支持，重视专业服务人员的培训，从而提高居家养老服务水平。同时，应积极引导、鼓励社会力量参与居家养老服务业，合理分配资源，为提供多样性、高质量的养老服务提供政策保障。

四　重视农村老年人口居住方式的新特征，建立与之相适应的养老方式

坡岭村老年人的居住方式表现出越来越强的独立化趋势。这一方面是由于人口老龄化、青壮年劳动力外出务工和迁移所造成的；另一方面也是农村老人为了减少与子女不必要的摩擦而做出的独立居住的自主选择。独居老人无疑面临着更高的风险，特别是当其生病或发生意外时更需要正式和非正式的照料。这就要求我们重视在传统农业社会向现代工业社会转变的过程中农村老年人居住方式的这种巨大变化，不断调整、整合现有养老资源和养老方式，使之与农村老年人居住方式的变化相适应。

集中居住是正在我国许多农村地区上演的一项重要变革。改革开放后，伴随着工业化和城镇化的快速发展，住在乡村的人口减少，从事农业的人员减少，部分村庄的消失，是发展过程中必然出现的现象。在村庄合并中，应营建适合老年人的公共设施和居住环境，合理规划布局养老机构和居家养老、老年文教体育等服务设施。新建、改扩建公共建筑、社区（城市）道路、公共设施和场所。

附录1

农民养老困境的个案

案例1：孤老谁来保？

访谈对象：林先生

江苏省姜堰市梁徐镇坡岭村6组村民林先生，今年70岁，孤老，是村里低保户，每年的低保收入大约350元。林先生患有严重的气管炎，在年轻时就得了这个病，后又患有肺病，已无劳动能力。将承包地转让后，老人除了低保收入外就没有其他现金收入了。

据村里人反映，林先生年轻时十分勤劳，从村里承包了8分地，又通过开荒获得7分地，也攒了点积蓄。但病情严重后，已不能种地，1998年，他把开荒的地交给了集体，之后又将承包地转给其他人种，每年收取一些粮食。林先生每月的生活开支在70—80元，其中药费为10元钱。他年轻时攒下的积蓄已花完了，现在的收入并不够维持自己生活，要靠村里人的接济。因为没有儿女，自己又患病，无人照料，他很想去养老院，但去养老院每年要交500元钱，可村里没钱，交不起。当被问到是否感到生活幸福时，林先生认为自己并不幸福，而是感到贫穷、孤独、无助和艰辛，他告诉调查员“像我这样的人，不过是在挨日子，活一天算一天吧”（杜旻，2005年的调查）。

案例2：农村孤寡老人的悲哀

访谈对象：老林

老林是坡岭村的孤寡老人，现年63岁，妻子在30多年前因病去世，曾有个儿子，但未成年时就已夭折。几十年来，老林一直是一个人生活。虽然已年过六十，可老林的身体仍然硬朗，自己耕种半亩多地，产的粮食除食用外基本没有节余。老林唯一的经济来源是在村里的一家绳厂打零工，年收入在1500元左右。但是，这份零工没有固定的工作时间，也没有稳定的收入，有活的时候厂里给通知，没活就只能在家里等着。

访谈在老林家中进行，家里没有院墙，仅有两间破旧的瓦房。大的一间屋子是客厅、餐厅兼厨房，房间正中是一张长桌，凌乱地摆放着一些杂物；左边是传统的灶台，靠右边是一个大的八仙桌，桌边两条长凳。小的一间是卧室，摆放着一张木床和两个木头柜。再加上屋外一辆破旧不堪的自行车，就是老人的全部家当了。虽然是白天，屋里还是有些昏暗，看我吃力地翻看问卷，老人要去开灯，我抬头看了看房顶正中的灯泡——老人房中唯一的“电器”，谢绝了老人的好意，把凳子拉向光线稍好点的门边。老人虽然能靠自己劳动勉强维持生活，但日子过得很艰苦，家里没有自来水（村里大多数人家都统一安装了自来水），连口井也没有，吃水都是去邻居家打。

老林现在身体硬朗，生活可以自理，也能自食其力，但如果年纪再大些，不能种田，不能做工，也不能照顾自己了，到时该怎么办？我说出了自己的担心，老人想了想说：“不知道，过一天算一天吧，到时候真有个病灾的，动不了啦，那就只能等死呗。”老人如此悲观的话听了让人心酸，我赶紧安慰说：“不会的，到时村里肯定会想办法，镇上不是还有养老院么。”老人叹口气，不再说什么，似乎对我说的养老院并不抱什么希望。后来老林介绍说像他这样的孤寡老人，从明年（2006 年）开始村里每年要给 600 元的养老金，但不知道能不能兑现。

访谈结束后，我没有急着走，就问老人："如果你不忙的话，我再坐会儿吧。"

"不忙不忙，你坐你坐。"老人连忙说，显出很高兴的样子，又起身去给我倒水。又陪老人聊了会家常，我看时间不早了，就起身告辞，老人送出来很远，还不住地跟说我"谢谢"。老人孤身一人过了几十年，想必很少有人来家里坐坐，陪他聊聊天吧。

在农村地区，孤寡老人的生活状态令人担忧。经济困难是他们面临的首要问题，因年老而导致劳动能力的下降或丧失，使他们失去了稳定的收入来源，尽管部分农村孤寡老人能领到政府发放的养老金，但养老金的数额并不足以保障其过上安定无忧的生活。其次，孤寡老人在生活上缺乏照料，他们生活不能自理或患病时该由谁来照顾？老林所说的"生病不能动了就只能等死"，不正反映了孤寡老人内心的无助吗？另外，农村孤寡老人缺少心灵慰藉，他们心理的孤独往往被忽视，经济问题或许可以通过政府的救助来解决，但除此之外他们还需要社会给予更多的关怀（李文，2005 年的调查）。

案例 3：贫困老人的生活令人担忧

访谈对象：钱女士

钱女士现年 74 岁，和 76 岁的老伴陈先生一起生活，夫妇俩膝下只有一女，嫁到了外村，只在逢年过节的时候回家看看。

由于老人不会讲普通话，访谈中存在一定的语言障碍，但钱女士说得最多、笔者听得最清楚的一句话就是"家里实在太困难了"。陈先生两耳失聪，已经丧失了劳动能力。家里有两亩承包地，主要由钱女士耕种，农忙或是有重活的时候就找亲戚朋友帮忙。两位老人基本没有收入来源，种田只能勉强维持温饱，家里平时只能吃米饭和青菜，逢年过节才偶尔改善一下生活。家里一年开销需要1000多元，由于女儿家里经济状况也不好，没有赡养能力，他们在生活上主要依靠亲友接济。钱女士指着老伴和自己身上的衣服，比画着说，两人的衣服都是亲戚穿旧了送给他们的。老人现在住的3间旧瓦房还是侄子家的，他们自家的房子前几年因年久失修倒塌了，因没钱盖新房，只能寄居在侄子的旧房子里，家里唯一值钱的东西就是一台亲戚送的旧黑白电视。

钱女士很健谈，聊了很多他们目前的生活状况和面临的诸多困难，但她最担心的还是没有经济来源、生活上无人照料。两位老人都已经70多岁了，身体也不太好，基本丧失了劳动能力，女儿嫁到外村，平时很少回家，无法在老人需要的时候提供经济支持和生活照料。老伴说话的时候，陈先生就在旁边的凳子上安静地坐着，眼神很漠然，他应该并不清楚一个陌生人来他家里干什么，也不知道老伴在说什么，但老人看起来并不在乎。因为耳朵听不见，老人已经很久不与他人交流，也不过问家里的事了，他的任务似乎就只是“活着”。

这一案例反映了农村老人的生活面临着很大风险。大部分农村地区，老人仍主要依靠子女赡养，这就导致了农村老人的生活保障存在极大的不确定性。一方面，老人的经济保障水平受到子女经济状况的影响，如果子女经济困难，就难以为老人提供必要的经济支持。另一方面，农村老人的生活保障程度还取决于子女的道德水平和供养意愿，具备赡养能力的子女若不愿为老人提供经济支持和生活照料也同样会使老人处于生活无保障的境地。坡岭村地处江苏中部，社会经济的发展高于全国平均水平。由此我们可以设想，整个农村地区没有固定经济来源的老人会是怎样的生活状态。随着计划生育政策的实施，拥有中国大多数老年人口的农村地区将迅速出现家庭小型化的倾向，在老龄化和独生子女的双重压力下，传统的家庭养老形式正面临着严峻的挑战。因此，农村的养老问题值得我们深思，缺乏养老保障的农村老人应该得到政府及社会的更多关注（李文，2005 年的调查）。

案例 4：经济发展带来养老观念的转变

访谈对象：林先生

林先生今年 41 岁，在泰州市有份稳定的工作。家里有 3 口人，爱人在家务农，女儿在泰州市读中专。林先生就职于泰州市的一家商贸公司，他是公司的合伙人之一。作为公司的中层管理人员，林先生每天只需工作 6 小时，月工资 1800 元，每月有 4 天假日，工伤、医疗、养老保险等均由单位购买。家里有 2 亩承包地，主要由林先生的爱人耕种，农业年收入 5000 元左右。林先生一家的年人均收入在 8000 元以上，家里还有十几万元的存款，属于村里的富裕农户。

在坡岭村，二层小楼的房屋并不十分罕见，但林先生家的住宅陈设仍令人深感惊奇。林家的院子很大，楼房的主体建筑呈“梁徐”形，房后是大片绿黄相间的麦田，远望去很有点别墅的感觉，十分气派。笔者刚走进林家大院，就听见楼上传来一阵狗的狂叫声，然后就见一只硕大的狼狗从二楼的楼梯上奔过来，幸好被女主人喝住。坡岭村养狗的人家非常普遍，可像这么大的狼狗还不太多见，估计是比较富裕的家庭养来护院的。问及家里的财产拥有状况，林先生回答着实让我吃了一惊：彩电 3 台，音响 2 套，空调 3 台，手机 3 部、固定电话 5 部，VCD 3 台，冰箱、洗衣机、摩托车、电脑、微波炉、摄像机一应俱全。这样一个三口之家竟有如此多的电器，可见这家的富裕程度是一般的城里人也无法企及的。

林先生虽说是只有初中文化水平的普通村民，可言谈举止很难跟农民联系起来，大概是常年在市里工作，见多识广的原因。林先生虽然只有一个女儿，但对夫妇两人的养老问题全然没有后顾之忧。由于家里的经济状况较好，林先生和爱人在几年前就购买了商业养老保险。并且，夫妇两人打算年纪大了以后就进市里的养老院，并不像很多农村老人那样持有偏见，认为没有儿子养老、进养老院是件“没有面子”的事情。

现在农村的养老问题跟个人的经济状况有很大联系，一些富裕农户通过购买商业保险可以得到充分的养老保障，完全不用担心晚年的生活。尽管“养儿防老”的观念在我国大部分农村地区仍然根深蒂固，但随着经济发展水平的提高，一些年轻农民的养老观念也在不断发生变化（李文，2005 年的调查）。

案例 5：农村公共资金支出的优先序：修路还是救济

访谈对象：林怀喜

笔者在坡岭村调查时居住在村主任林怀喜家里，从而就有了更多的机会向其询问村里的情况，尤其是村委会的工作状况。由于在问卷调查中发现坡岭村一些家庭因为各种原因生活贫困，入不敷出，所以就村集体能否对困难家庭一些照顾这一问题与老林进行了交流。

林主任说：坡岭村现在不搞五保户，搞了就增加负担。对于特别困难的孤寡老人，村里会想办法将其纳入低保。目前，坡岭村没有散养的五保户。但有 5 个集中供养的五保户，在梁徐镇镇敬老院生活。这些五保户每人每年的供养标准为 1000 元。其中村里承担 500 元，乡政府直接从给坡岭村的转移中扣除了。梁徐镇政府负担 500 元，来自民政拨款。

镇敬老院也不愿意接收五保户，多一个五保户敬老院就多一份负担，而且敬老院的床铺也有限。目前坡岭村的 5 个在敬老院生活的五保户中，有 3 个是以前送到敬老院的，已经在那里生活 7—8 年了。另外两个是亲兄弟，都是 2003 年送到敬老院的。敬老院之所以接收，重要的原因是他们的外甥女婿在姜堰市国家税务局做副局长，向民政局打招呼才接收的。坡岭村的老光棍多，也愿意去敬老院生活。2004 年村里向敬老院报了几个，但没有接收。敬老院要求村里搞散养五保，但村里没有钱，也不想搞，结果就不了了之了。目前，全村达到五保条件的有 40—50 人，基本都是老光棍，丧失了劳动力。对于这些人，村里年终一般给 100 元左右的一些救济。五保户去世的时候，如果有本家，就由本家负责料理丧事。现在土地实行 30 年不变，如果其本家负责料理后事，就可以使用土地、继承房产；如果本家不能承担，由集体负责办后事。

那么这些五保户的生活状况如何？林主任说，一般情况下，这些人都能够自己做饭。当卧床不起、自己不能做饭了，可以给别人一些钞票，让别人给他做点饭菜。对于这些卧床不起的五保老人来说，如果想一日三餐是不可能的，只能凑合着了。不过到了这种地步，往往就是快死的时候了。

村集体不照看五保户，村民们有意见吗？林主任说，村里的穷人是少数，五保户、特困户更少，现在都是各顾各，除了那些困难户外，别人不会有什么意见。如果把“一事一议”收来的钱用于救济，在群众中就不可能通过。那村集体总要给群众办一些实事吧？对于笔者的这种疑问，林主任说，大家生活好了，普遍反映应该修路。如果不修路，向老百姓交代不了。所以，2004 年用“一事一议”的钱以及从镇政府争取来的钱，把村里的路修了。他强调：现在，村干部的态度就是，要做就做一些老百姓看得见摸得着的事情，修道路就是最有说服力的行动。

上述访谈信息表明，在既定的资源约束下，村集体会优先考虑供水供电、农村公路道路等公共产品，缺乏把资金投向直接关系改善民生的领域。除了资源不足，干部的选拔任用机制等其原因，更关键的是：一个行政村内部的多数农民没有保护弱者的意愿，反对把有限的资金用于少数人的福利改善。这种情况表明，依靠村社区集体向农民提供社会保护这一传统机制的根基发生了动摇（崔红志，2005 年的调查）。

案例 6：父母对子女的无限责任

子女生活水平的提高并不必然带来老年人生活水平的提高，然而，如下的几个个案反映了子女生活水平下降时将必然降低老年人的生活水平。

受访者一：吴女士　65 岁

65 岁的吴女士是受访者中为数不多的女性，她性格豪爽，不让须眉，在家中享有绝对的权威，在村里是有名的“活泼”角色。吴女士的老伴是退休工人，每月有 1600 元的退休金，老两口身体又都很硬朗，经济上没什么压力。吴女士还有个令她骄傲的儿子，儿子大学毕业后在广东找到一份收入不菲的工作，又十分孝顺老两口。再加上吴女士乐观开朗的性格，她的晚年生活本应十分轻松自在。然而，世事总不会十全十美。吴女士的大外孙幼年高烧引发脑炎，导致神经和智力都受到很大损伤，女儿一家为给外孙看病花去了不少积蓄，再加上随后又生养了一个小儿子，因而生活比较拮据。所以吴女士两口的收入中还要留出一部分，明里暗里地贴补给女儿。不仅如此，由于女儿女婿没钱修建房屋，吴女士家的住房以后也要留给这个女儿。

吴女士两口有 1.5 亩地，现在全都无偿转包给别人耕种。因为儿子一家在广东定居，老伴丁先生退休后也就跟着去了广东，一边打工一边帮忙照看小孙子；吴女士则要留在家中帮女儿照看两个外孙，无暇分身打理家中田地。用吴女士的话说，现在的生活“幸福是幸福，就是太辛苦了”。

受访者二：郑先生　68 岁

68 岁的郑先生是一个沉默寡言、老实巴交的农民，接受访问时他正在村卫生室输液。郑先生腿部有严重的静脉曲张，完全丧失劳动能力，在今年（2012 年）之前一直领着低保。2012 年郑先生被评定为四级残疾，每月能领到 162 元（1994 元/年）的残疾人补助，但低保就相应被取消了。由于行动不便，郑先生一天几乎都不下床，他日常生活就只有三件事——吃饭、看电视、睡觉。郑先生的老伴身体还算不错，家里的 2.2 亩地以及各种家务劳动都由老伴承担。老两口每人每月有 70 元的新农保养老金，再算上残疾人补助和种粮收入、粮食补贴等，几乎就是两个老人全部的收入。去年（2011 年）郑先生在省里一家医院做手术治疗静脉曲张，整台手术连同住院费用共计 1 万元，其中有 6000 元都是向亲戚朋友借来的，足见老两口微薄的收入连他们自己的生活需求都难以满足。

即使是在这样自顾不暇的情况下，郑先生夫妇还要为儿子分担债务。前年儿子在重庆打工时，意外将本村同去打工的同乡林某弄伤，导致对方脾脏破裂、摘除。经协商，郑家需要赔偿给对方 10 万元钱，这显然也超出了儿子一家的偿还能力。因此，郑先生夫妇不得不为了儿子省吃俭用、四处举债，日子过得更加艰难。

受访者三：郑先生　69 岁

69 岁的郑先生是梁徐镇中学的退休老教师，也是坡岭村村史——《百年坡岭》的主要编纂者之一。郑先生和老伴的身体都不是很好，已经无法承担过重的体力劳动，两人的生活主要是依靠郑先生 3100 元/月的退休工资。家里还有 2 亩地，由老伴勉强耕种；郑先生偶尔会去村委会或乡镇政府帮忙处理点文字工作，一年下来多少有几百元的额外收入贴补家用。

郑先生这一生最自豪的就是他凭借自己的真才实干加入了中国共产党，获得很多荣誉，退休后仍积极参加社会活动，用自己的努力赢得了别人的尊重。泰州晚报、姜堰新闻等多家媒体都曾报道过他的先进事迹，他还荣获过“姜堰市关心下一代工作的先进工作者”、姜堰市 2011 年度“道德模范”评选提名奖等。“乡镇的一些领导见了我也要尊称一声‘郑老’”，“大家都知道坡岭村有个郑先生”，郑先生十分自豪地说。

“父母之爱子，必为之计深远”，郑先生一生都在为儿子的未来打算。儿子初中时从高处摔下，导致精神失常，生活不能自理。郑先生一辈子都过着俭朴的生活，为的是为儿子多攒些钱。说起生活中最心烦的事，郑先生考虑的不是自己不能动时谁来照顾，而是“儿子有病，我们死后谁来照顾他?”

农村老人对家看得很重，他们为了家庭的整体利益、为了子女后代的幸福可以无怨无悔地做出令人难以想象的奉献与牺牲。但是在很多时候，老人对家庭的奉献却未能换得其应有的地位。在很多年轻人看来，老人为子女为家庭劳累一生理所当然，他们应该像蜡烛一样燃尽最后一滴泪，像春蚕吐尽最后一口丝。代际间家庭整体观和奉献观的差异导致了父母对子女无限责任和子女对父母的有限回馈（李越，2012 年的调查）。

附录 2

主观生活质量评价指标与实际生活状况差异的个案

从实地调查看，老年农民的主观幸福感与实际的生活质量有很大的差距。与过去相比物质生活的改善是他们主观生活质量评价的标准。

案例 1：林先生，77 岁，五保户。林先生患有严重的气管炎。林先生名下有 1 亩土地，因为没有能力耕种，就把土地转给其侄子种植。他的侄子每年给他 200 多斤稻谷。由于是五保户，他不用缴纳合作医疗费。但是，村医务室的药品少，他需要服用的药，村卫生室却没有。这样，如果他想得到新农合的报销，就得去乡镇卫生院或者医院治疗。但是乡镇卫生院报销的起付线是 300 元，而且医院检查费用高，而检查费又是不能报销的。所以，林先生就不去医院看病了，而是选择去私人药店买药。每年的全部收入就是 3800 元五保金、200 多元的农业补贴，在这些收入中，1000 元得用于买药。最大的负担就是医疗费。

林先生属于特别勤劳的人，在年轻时积攒了几千元。1990 年，他的侄子得了肾炎。林先生把所有的积蓄都给了侄子治病。从此之后，林先生再也没有积蓄。而且，林先生也得了气管炎，再也不能干活了。他的屋子里没有落脚的地方，堆放的全是柴草，屋里漏缝隙。

即便如此差的生活条件和健康状况，林先生依然觉得生活很幸福。对于自己的幸福状况，林先生回答说："现在的生活太好了，好比天堂。"为什么呢？他说："以前我爸爸连粥都没有，现在跟以前没有比。"的确，与过去相比，林先生的生活状况有了很大程度的改善。这种改善成为其评价幸福程度的依据。2005 年在坡岭村调查的时候，笔者曾与林先生进行了深度访谈。2005 年，林先生就享受低保待遇，每年 300 多元；现在享受五保待遇，每年 3800 元。2005 年，林先生很少吃肉，现在 5—6 天就可以吃一次肉。林先生自己养鸭子，能够不时吃鸭蛋。在 2005 年访问林先生时，他特别想去敬老院，原因是：在村里的日子太难过了，太穷了。但现在再问他这一问题时，他回答说不再想去敬老院。他说：曾去梁徐镇的敬老院考察了一次，发现五保老人的伙食不好，"午饭有菜，晚上就没有菜了"，而在家里想吃啥就做啥，方便得多。在 2005 年访问时，林先生的情绪很消极，感叹其生活就是"活一天算一天"。而现在则把生活比作天堂（杜旻，2012 年的调查）。

案例 2：林先生，五保户，77 岁，耳聋。林先生的宅基地给了其侄子，他在其侄子住房的旁边修建了 1 间平房，23 平方米。对于这样差的居住条件，林先生坚持给住房条件打 10 分。

林先生的每年可以得到 3800 元的五保补助收入。他有 0.7 亩承包地，转给了他的侄子种植，每年得到 300 斤大米。他的水费由侄子承担。林先生对其生活状况、收入的满意度都打 10 分，对社会治安、村干部、自然环境的满意都是 10 分。

为什么其主观满意度这么高？林先生说："共产党对我不错，别人也问：这点钱够不够用？我回答：什么够不够用，没有共产党这点钱，日子就过不了。”林先生的生活幸福程度也是10分。问卷中有一个问题是：“您认为对您生活幸福状况影响最重要的三个因素是什么？”林先生坚持只选1个因素，“那就是共产党对我的照顾和关怀”。林先生说：“我和别人比是差点。但人要讲道理，硬要与别人比是没有道理的。”（杜旻，2012年的调查）

案例3：郑先生，单身，高中毕业、村民代表、低保户。他的饮水不是自来水，也不是井水，而是从水塘里挑水。池塘距离他家还有一段距离，他在挑水的时候还得过马路。他没有使用自来水的原因是经济紧张。2008年，村里安装自来水的时候，每户要缴纳680元，他没有舍得买。他的住房四处漏风，屋内几乎没有值钱的东西。但即使这种生活条件，他对幸福状况的评价是10分，对生活满意度的评价也是10分。其原因是：有饭吃，还有新农保、低保（杜旻，2012年的调查）。

案例4：林先生，78岁，老两口在一起生活。他有一个儿子、两个女儿，均在县城工作。孩子比较孝顺，经济比较好。林先生老两口的身体很好。所以幸福感比较强，打了10分。林先生的幸福感是10分。其原因是，可以享受新农保。他说：种地够吃，共产党给每人70元养老，用于买菜花不完。他说：“能生活在这个社会，晚年过上这样的生活，是很了不得的事情，过上这种生活就是最自豪的事情。”（杜旻，2012年的调查）

案例5：郑先生，61岁，高中毕业，是坡岭村的村民代表、坡岭村居家养老服务站的志愿者。郑先生与其爱人和父母一起生活，他的两个儿子在结婚后都在外地生活。郑先生在年轻时曾办过企业，收入颇丰。他爸爸83岁了，曾当过公办教师，每月的退休金约3000元。与村里其他家庭相比，郑先生的家庭经济状况比较殷实。据他本人介绍，他有5万多元的存款。

郑先生对他的生活满意度和生活幸福状况都打了9分。其原因是："我是从吃不上饭的年代过来的人。由于挨饿，在小时候曾得过青紫病，嘴巴和脸都是青的。父亲当时是教师，有微薄的工资。每个月从中节余一点点，到县城买稻壳，回来后把稻壳磨碎，炒了以后全家人泡着吃。但大家吃了之后，大便不通。父母都得过浮肿病。"而现在吃穿不发愁，还有一定的积蓄，所以郑先生觉得自己的生活很幸福。为什么不进行横向比较，不与城里人相比？郑先生说："不要与城里人比，城里人本来就是城里人，不要去攀高。""如果心态不好，就不会幸福。"郑先生还说："虽然农村人的收入比不上城里人，但有土地，可以自己种粮食、种菜，食用油也不用买。"（崔红志，2012年的调查）

案例6：丁先生，74岁，爱人程女士，71岁。夫妇育有一个儿子、两个女儿。儿子结婚后在姜堰市买了房子，大约每月会回到村里看望他一次。两个女儿也都在外生活。丁先生是退休工人，每月能拿到1800元的退休金。相对于一般农民来说，丁先生的收入水平较高，也稳定。同时，也与多数老年农民患有慢性病不同，丁先生夫妇的身体都很健康。另外，丁先生的子女都已经结婚成家，家庭经济状况较好。由于这些原因，使得丁先生的消费状况与一般农民有差别，消费水平较高，消费结构更加多元化。根据他的介绍，他每月的食品消费支出约4500元，衣着支出1000元，医疗保健支出约1000元，文化、教育和娱乐消费的支出约110元，人情往来支出约800元，交通通信消费支出约200元，服务消费约400元，家庭设备及用品方面的消费支出约300元，给子女（孙子女）的转移性支出约1600元。

从时间利用看，丁先生的时间利用更加丰富多彩。在我们对其调查的前一天（2012年11月12日），丁先生早晨6点30分起床，

6 点 30 分—7 点在院子内锻炼身体，7 点—7 点半吃早饭，7 点半—10 点，丁先生继续锻炼身体，其间还大约看了半小时电视、看了半小时报纸。从 10 点到 11 点，丁先生做午饭。吃了午饭后，丁先生又在院内散步了半小时。然后午休半小时。午休后，丁先生召集街坊邻居到他家打麻将，大约 12 点半开始，4 点半结束。在打麻将的间隙，丁先生还看电视、聊天。打麻将结束后，他专门看了 1 个小时电视。下午 5 点半—6 点半，做晚饭。6 点半—7 点，吃晚饭。吃过晚饭后，又看了 1 个小时电视。

与一般农民在空闲时间并没有明确目的的“逛街”“在村里转悠”不同，丁先生有专门时间用于锻炼身体，有 3 个时间段专门用来锻炼身体。在早晨 7 点半吃完早饭到 10 点这 150 分钟锻炼身体的时间中，丁先生还从事看电视、看报纸等次要活动。在下午从 12 点半—4 点半这 240 分钟娱乐、消遣的时间中，还从事聊天、看电视等次要活动。但是，丁先生比一般农民好很多的生活条件却在其主管生活质量中没有反映出来。他对幸福感和生活满意度的评价均为 7 分（崔红志，2012 年的调查）。

参考文献

1. ［印度］阿玛蒂亚·森、［美］玛莎·努斯鲍姆主编：《生活质量》，社会科学文献出版社 2008 年版。

2. ［澳］马克·拉普勒（Mark Raply）：《生活质量研究导论》，周长城等译，2012 年 9 月第 1 版。

3. ［美］约瑟夫·E. 斯蒂格利茨、［印度］阿玛蒂亚·森、［法］让-保罗·菲图西：《对我们生活的误测——为什么 GDP 增长不等于社会进步》，新华出版社 2011 年版。

4. ［印度］阿玛蒂亚·森：《以自由看待发展》，中国人民大学出版社 2002 年版。

5. 经济合作与发展组织：《民生问题：衡量社会幸福的 11 个指标》，新华出版社 2012 年版。

6. 王威、陈云：《欧洲生活质量指标体系及其评价》，《江苏社会科学》2002 年第 1 期。

7. 秦斌祥、朱传一：《美国生活质量研究的兴起》，《美国研究》1988 年第 3 期。

8. 周长城：《生活质量评价研究正成热点》，《财经政法资讯》2011 年第 4 期。

9. 谷琳、乔晓春：《我国老年人健康自评影响因素分析》，《人口学刊》2006 年第 6 期。

10. 谷琳、杜鹏：《我国老年人健康自评的差异性分析》，《南方人口》2007 年第 2 卷第 22 期。

11. 贾慧英、王建英：《农村老年人心理健康状况分析》，《中国公共卫生》2007 年第 23 卷第 6 期。

12. 牛田华、孟庆跃等：《农村老年人心理健康影响因素的累积 logistic 回归分析》，《中国健康心理学杂志》2009 年第 17 卷第 11 期。

13. 汤哲：《人口老龄化与老年卫生保健》，经济科学出版社 1999 年版，第 4 页。

14. 吴振云：《老年心理健康的内涵、评估和研究概况》，《中国老年学杂志》2003 年第 12 卷第 23 期。

15. 周长城：《生活质量的指标构建及其现状评价》，经济科学出版社 2009 年 9 月版。

16. Easterlin, Richard, A., Does Economic Growth Improve the Human Lot? Some Empirical Evidence. In: *David, Paul A. and Melvin W. Reder (eds.). Nations and Households in Economic Growth: Essays in Honour of Moses Abramowitz*. N. Y.: Academic Press: 89 - 125, 1974.

17. Andrews F. M., Withey S. B., *Social Indicators of Well Being*, New York: plenum, 1976.

18. Ed Diener, Subjective Well-Being, *Psychology Bulletin*, 1984, 95 (3): 542 - 575.

19. Festinger L. (1954), A Theory of Social Comparison Processed, *Human Relation* 7, pp. 117 - 140.

20. Wood J. V. (1989), Theory and Research Concerning Social Comparison of Personal Attributes, *Psychological Bulletin* 106,

pp. 231 –248.

21. Noll, H. –H. (2000) Social Indicators and Social Reporting: the International Experience, http: //www. ccsd. ca/noll. html.

22. John Knight, Lina Song and Ramani Gunatilaka, "Subject Well – being and its Determinants in Rural China", Department of Economivs Discussion Paper Series, 2007.

后　记

坡岭村是我国东部地区具有代表性的村庄。2005 年 5 月，中国社会科学院农村发展研究所《中国与印度农村社会保护比较研究》课题组在坡岭村进行了近 10 天的农户问卷调查。笔者参与了这次调查，还与当时的村主任林怀喜及很多被访者有了较深的感情。之后笔者一直与林怀喜先生保持联系并数次去该村回访，其间均在林怀喜家里吃、住。本项调研的顺利进行与林怀喜先生及其家人的热情接待密不可分。感谢他们，祝愿他们生活美好、万事如意。

本书的分工是：第一章、第二章、第八章、第九章由崔红志撰写。第三章、第四章由李越撰写。第五章由朱林撰写。第六章、第七章由李越、崔红志撰写。崔红志对全书进行了统稿。

崔红志

2015 年 5 月 25 日